1 Huhn –
50 Rezepte

AUTORIN: CORNELIA SCHINHARL | FOTOS: JÖRN RYNIO

Praxistipps

4   Wissenswertes – Worauf ist beim Hähnchenkauf und der Zubereitung zu achten?
5   Ein Huhn, viele Teile
6   Ein ganzes Huhn fachgerecht zerlegen
64 Drei Sandwichideen mit Hähnchenfleisch

Umschlagklappe hinten:
Was übrig? Rezeptideen mit Hähnchenfleischresten
Feines mit Hühnerleber
Das passt zu Hähnchen – Feine Beilagen

Extra

Umschlagklappe vorne:
Die 10 GU-Erfolgstipps – mit Gelinggarantie
für köstliche Gerichte mit Huhn

60 Register
62 Impressum

Rezepte

8 Aus dem Topf

9 Würzige Thai-Hühnersuppe mit Kokosmilch
10 Hühnerbrühe
12 Hühnercremesuppe mit Mandeln
13 Asia-Hühnersuppe
13 Zitronensuppe
14 Hühnerfrikassee mit Gemüse
17 Pochierte Hühnerbrust
17 Huhn im Mangoldblatt

18 Hühnercurry
18 Hühnertopf 1001 Nacht
21 Hähnchengulasch mit Paprika
22 Coq au vin
25 Hähnchenpakora
25 Hähnchen-Involtini
26 Hähnchen-Pilaw
26 Hühner-Linseneintopf

28 Aus der Pfanne

29 Hähnchen-Saltimbocca
30 Sesamhuhn auf Salat
30 Korianderhuhn
32 Hähnchenschnitzel mit Zitronen-Karpern-Creme
34 Hähnchenschnitzel mit Meerrettich-Sahne
34 Hähnchengeschnetzeltes in Tomaten-Oliven-Sauce
36 Gorgonzola-Nuss-Sauce

36 Zucchinicreme
37 Kokossauce mit Mango
37 Zitronen-Honig-Sauce
38 Wok-Hähnchen
38 Hähnchenfrikadellen
40 Hähnchenbrust mit Feigen-Mozzarella-Füllung
42 Huhn in Yakitorisauce
42 Satéspieße

44 Aus dem Ofen

45 Chicken Wings
46 Brathuhn mit Orange und Koriander
48 Hähnchenbrust mit Zucchini-Zitronen-Haube
50 Zitronen-Knoblauch-Huhn
52 Hähnchenteile auf Safran-Möhren

53 Fruchtige Hühnerbrust
53 Scharfe Hühnerkeulen
54 Hühnerkeulen auf Gratin
54 Buttermilch-Hähnchen
56 Hähnchenlasagne mit Tomaten
59 Tandoori-Hähnchen

Richtig einkaufen und zubereiten

Es gibt schier unzählige Möglichkeiten, ein Huhn zuzubereiten. Das bringt jede Menge Abwechslung auf den Teller. Einzige Voraussetzung: Das Huhn ist ein gutes!

Hähnchen, Poularde oder Suppenhuhn?

Hähnchen oder Hühnchen, das ist hier die Frage? Tatsächlich bezeichnen beide Begriffe das Gleiche: Männliche und weibliche Hühner vor ihrer Geschlechtsreife. Durch schnelle Mästung in der Massentierhaltung erreichen sie meist schon nach vier bis fünf Wochen ihr Schlachtgewicht zwischen 800 g und 1,2 kg. Auch Poularden sind noch nicht geschlechtsreif, aber schon sieben bis zwölf Wochen alt und darum auch etwas schwerer. Sie können bis zu 2,5 kg wiegen. Maishähnchen sind im Handel gut an ihrem leicht gelblich gefärbten Fleisch zu erkennen, das von der überwiegenden Fütterung mit Mais kommt. Zu Suppenhühnern werden Legehennen, wenn sie keine Eier mehr legen können. Zum Braten ist das Fleisch der Hennen dann zu zäh, für eine Suppe bringt es aber sehr viel Geschmack und Aroma mit. Nach einer ausreichend langen Garzeit ist das Fleisch dann so weich, dass Sie es zum Beispiel als feine Fleischeinlage für ein Frikassee oder Ragout nehmen können. Dafür am besten in feine Streifen zupfen oder in kleine Stücke schneiden.

Einkaufen

Meiden Sie Hähnchen aus Massentierhaltung. Dort werden die Tiere auf engstem Raum gehalten und sehr schnell gemästet. Ganz anders ergeht es Hühnern, die in Freilandhaltung aufwachsen. Dort haben die Tiere ausreichend Platz, können sich bewegen, auf dem Boden scharren und sich drinnen oder draußen aufhalten. Außerdem haben sie fast doppelt so viel Zeit zu wachsen, um ihr Schlachtgewicht zu erreichen. Das wird mit einem besseren Fleischgeschmack belohnt. Inzwischen bekommen Sie Bio-Hähnchen auch schon in vielen Lebensmittelgeschäften zu kaufen.

Sauber arbeiten

Rohes Geflügel kann gesundheitsschädliche Salmonellen enthalten. Damit sich diese Bakterien nicht vermehren können, ist es wichtig, dass Geflügelfleisch immer gut gekühlt und nicht zu lange gelagert wird. Nehmen Sie es am besten aus der Verpackung und setzen es auf einen Teller oder in eine Schüssel. Achten Sie dabei darauf, dass das Fleisch im Kühlschrank nicht mit anderen Lebensmitteln in Berührung kommt. Alles, was mit dem rohen Hähnchenfleisch in Berührung war, nach der Vorbereitung immer sehr gründlich mit Reinigungsmittel und heiß abspülen. Ganz wichtig: Hähnchen niemals roh essen und immer gut durchgaren.

Garprobe

Um zu überprüfen, ob das Hähnchen ganz durchgegart ist, stechen Sie es mit einem Zahnstocher oder einer dünnen Stricknadel an der dicksten Stelle ein. Nach kurzer Zeit läuft Saft aus. Der muss klar sein, damit das Fleisch gegessen werden kann. Ist er dagegen rötlich, ist das Hähnchen im Inneren noch blutig und muss noch länger gegart werden. Die Garprobe dann wiederholen.

Ein Huhn, viele Teile

Ganze Hähnchen

Ganze Hähnchen bekommen Sie beim Metzger, im Geflügelfachgeschäft oder beim (Bio-)Bauern. Achten Sie auf gute Qualität und kaufen Sie möglichst ein Huhn aus Freilandhaltung. Diese Hühner haben mehr Bewegung und dadurch festeres und aromatischeres Fleisch. Frisches Fleisch erkennen Sie am besten am Geruch und an einer glatten, unversehrten Haut. Oft liegen die Innereien in einem Beutel im Bauch des Huhns bei. Zubereitungstipps für die Leber finden Sie in der hinteren Klappe. Magen und Herz gibt Saucen beim Schmoren und Garen Aroma.

Keulen und Flügel

Besonders große fleischige Keulen gibt es mit einem Teil des Rückens zu kaufen. Kleine Keulen bestehen nur aus Unter- und Oberschenkel. Werden Keulen noch halbiert, nennt man den unteren Teil auch »Drumstick«. Die Flügel haben wenig Fleisch, sind knusprig gebraten oder gegrillt aber ein köstlicher Imbiss zum Abknabbern.

Keulen und Flügel

Hähnchenbrust

Hähnchenbrust gibt es als Filet oder ganze Brust mit Haut und Knochen zu kaufen. Mit Knochen können Sie die Brust im Backofen garen. Von Knochen und Haut befreit, eignet sie sich besser zum Kurzbraten, Pochieren oder Dämpfen. Mit Suppengemüse und Gewürzen gekocht, wird aus den ausgelösten Knochen und der Haut eine feine Brühe.

Ein ganzes Huhn fachgerecht zerlegen

Ein ganzes Huhn lässt sich in acht bis zehn Hähnchenteile zerlegen. Wie Sie das ganz einfach selber machen können, zeigen wir Ihnen Schritt für Schritt:

Keulen abtrennen Zunächst das Hähnchen mit der Brust nach oben auf die Arbeitsfläche legen und den Schenkel mit einer Hand vom Körper des Huhns wegziehen. Die Haut zwischen Rumpf und Keule vorsichtig mit einem scharfen Messer einritzen. Dann die Haut und das Fleisch in der Falte (Achselhöhle) bis zum Gelenk einschneiden. Anschließend die Keule wie unten links beschrieben weiter abtrennen

Keulen abtrennen Von unten mit den Fingern kräftig gegen das Gelenk drücken. Die beiden Gelenkkapseln brechen dadurch auf und lösen sich voneinander. Jetzt mit einem Messer zwischen den beiden Gelenkteilen die Sehnen durchtrennen. Das Fleisch ganz durchschneiden und die Keulen ablösen. Die Flügel am Schultergelenk abtrennen, dabei ein kleines Stück vom Brustfilet mit abschneiden.

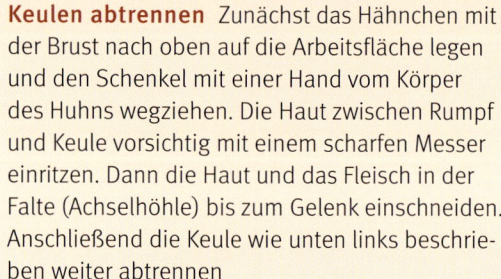

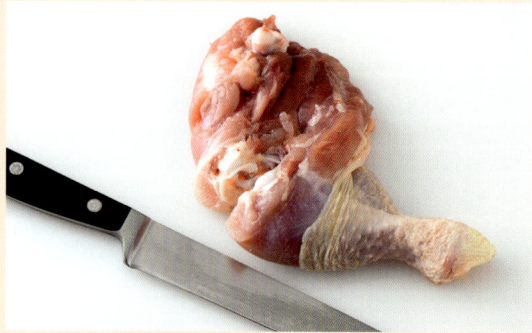

Keulen halbieren Die Keulen haben ebenfalls noch ein Gelenk, das Ober- und Unterschenkel verbindet. Wo dieses Kniegelenk sitzt, können Sie durch Ertasten mit den Fingern herausfinden. Dazu die Keulen mit leichtem Druck abtasten. Dann das Messer zwischen den erfühlten Gelenkteilen ansetzen. Zunächst die Haut und das Fleisch, dann mit leichtem Druck das Kniegelenk durchschneiden.

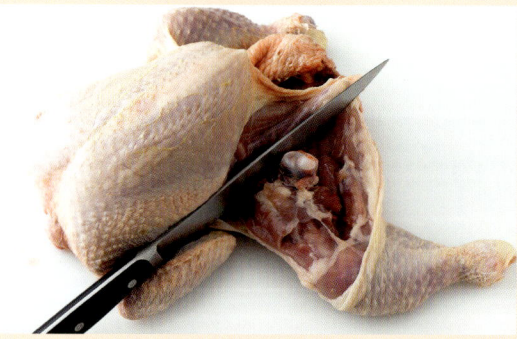

Brust mit Knochen ablösen Die Haut und das Fleisch an beiden Seiten entlang des Brustbeins mit einem scharfen Messer bis zum Knochen einschneiden. Anschließend mit einer Geflügelschere das sogenannte Gabelbein, das am Kopfende sitzt, durchschneiden. Dann auf beiden Seiten die Rippenknochen vom Brustbein mit einem Messer abtrennen. Zum Schluss die Haut am Rücken durchschneiden und die Brüste abtrennen.

Brust ohne Knochen ablösen Die Haut und das Fleisch mit einem Messer an beiden Seiten entlang des Brustbeins bis zum Knochen einschneiden. Am Kopfende gelangen Sie so auf beiden Seiten zu dem so genannten Gabelbein. An diesem ebenfalls entlangschneiden. Dann das am Brustbein bereits gelöste Fleisch mit den Fingern greifen und die Brust entlang der Rippenknochen mithilfe des Messers nach und nach vom Brustkorb abziehen.

Rücken halbieren Der Rücken hat nur wenig Fleisch zu bieten, kann aber trotzdem mitverwendet werden. Dazu das Fleisch quer bis zum Knochen einschneiden, dann das Rückgrat mit der Geflügelschere halbieren. Oder Sie nehmen die Knochen von der Brust und dem Rücken und kochen daraus mit etwas Suppengrün eine Brühe wie im Rezept auf Seite 10 beschrieben.

Aus dem Topf

Eine frisch gekochte Hühnersuppe tut gut und wärmt von innen. Voll mit Aromen lädt sie zum Genießen ein und ist dabei ein wahrer Verwandlungskünstler: klassisch mit Nudeln oder asiatisch, wie diese Version mit Kokosmilch und Zitronengras. Aber auch Gulasch, Frikassee und Schmorhuhn gelingen im Topf besonders gut.

Würzige Thai-Hühnersuppe mit Kokosmilch

400 g Hähnchenbrustfilet
4 EL Fischsauce
1 Stück Ingwer (ca. 2 cm)
1 Bio-Limette
1 rote Chilischote
200 g Kirschtomaten
1 Dose Kokosmilch (400 g)
½ l Hühnerbrühe (s. S. 10 oder aus dem Glas)
1 TL Zucker | Salz
Korianderblättchen zum Bestreuen

Für 4 Personen | ⊚ 20 Min. Zubereitung
Pro Portion ca. 310 kcal, 24 g EW, 19 g F, 8 g KH

1 Das Hähnchenfleisch waschen, trocken tupfen und in feine Streifen schneiden. In einer Schüssel mit 2 EL Fischsauce mischen und beiseitestellen.

2 Den Ingwer schälen und erst in dünne Scheiben, dann in Streifen schneiden. Die Limette waschen, die Schale dünn abschneiden und in feine Streifen schneiden. Die Limette auspressen. Die Chilischote waschen, putzen und mit Kernen in feine Ringe schneiden. Die Tomaten waschen und halbieren.

3 Die Kokosmilch mit der Brühe in einem Topf erhitzen. Ingwer, Limettenschale und Chili einrühren und die Suppe mit der restlichen Fischsauce, 1–2 EL Limettensaft und Zucker würzen. Bei Bedarf leicht salzen. Alles 5 Min. köcheln lassen.

4 Hühnerfleischstreifen und Tomaten in die heiße Suppe geben und in etwa 2 Min. gar ziehen lassen. Die Suppe mit Korianderblättchen bestreuen.

Grundrezept | preiswert

Hühnerbrühe

Die beste Grundlage für Suppen und Saucen ist eine selbst gekochte Brühe. Frisch gekocht mit Nudeln und Hühnerfleischstreifen als Einlage ist sie ein echter Seelentröster!

1 Suppenhuhn
1 Zwiebel
1 Möhre
1 Stück Knollensellerie (ca. 150 g)
1 Stange Lauch
¼ Bund Petersilie
1 Stück Bio-Zitronenschale (ca. 2 cm)
2 Lorbeerblätter
4 Wacholderbeeren
Salz | Pfeffer

Für 4 Personen
⏲ 20 Min. Zubereitung | 2 ½ Std. Garen
Pro Portion ca. 20 kcal, 1 g EW, 1 g F, 4 g KH

1 Das Suppenhuhn innen und außen kalt abspülen und in einen großen Topf legen. So viel Wasser (etwa 2,5 l) zugeben, dass das Huhn knapp bedeckt ist. Die Flüssigkeit zum Kochen bringen.

2 Wenn das Wasser kocht, die Hitze zwischen schwacher und mittlerer Stufe einstellen. Die Flüssigkeit etwa 30 Min. köcheln lassen, dabei den Schaum immer wieder abschöpfen.

3 Inzwischen die Zwiebel waschen und mit der Schale halbieren. Die Schnittfläche in einer Pfanne bei starker Hitze leicht anrösten. Die Möhre und den Sellerie schälen, den Lauch putzen und waschen. Das Gemüse grob zerkleinern. Die Petersilie abbrausen und trocken schütteln.

4 Gemüse, Petersilie, Zitronenschale und Gewürze zum Suppenhuhn geben und weitere 2 Std. zugedeckt köcheln lassen. Die Brühe mit Salz und Pfeffer abschmecken und erkalten lassen.

5 Das Suppenhuhn und das Gemüse aus der Brühe fischen. Das Gemüse wegwerfen. Das Fleisch von den Knochen des Suppenhuhns lösen, häuten und in feine Streifen zupfen. Ganz nach Belieben in einer Suppe mit Nudeln essen, zu einem Frikassee verarbeiten (s. Rezepte S. 14) oder als Salat anmachen.

AUSTAUSCH-TIPP

Wenn Sie die Brühe mit einer Poularde zubereiten möchten, müssen Sie das Ganze nur etwa 1½ Std. köcheln lassen. Eine Poularde ist zwar schwerer (s. S. 4), aber durch das zartere Fleisch schneller gar als ein Suppenhuhn.

GUT ZU WISSEN – BRÜHE ENTFETTEN

Wer Fett sparen will, lässt die Brühe nach dem Erkalten einige Stunden im Kühlschrank gut durchkühlen. Dann setzt sich das Fett an der Oberfläche ab, wird fest und lässt sich leicht mit einem Löffel entfernen.

Hühnercremesuppe mit Mandeln

Samtig und zart – die feine Cremesuppe ist im Handumdrehen fertig und auch als Einstieg ins Menü ein echtes Highlight.

250 g Hähnchenbrustfilet | 4 Frühlingszwiebeln |
2 Knoblauchzehen | 2 EL Butter | 1 TL Mehl |
4 EL trockener Sherry (nach Belieben) |
1 l Hühnerbrühe (s. S. 10 oder aus dem Glas) |
2 EL Mandelblättchen | 100 g Sahne | Salz |
Pfeffer | 1 Prise gemahlener Koriander | 2 TL frisch
gepresster Zitronensaft

Für 4 Personen | ⊚ 25 Min. Zubereitung
Pro Portion ca. 245 kcal, 36 g EW, 16 g F, 6 g KH

1 Das Hähnchenfleisch kalt abspülen, trocken tupfen und in kleine Stücke schneiden. Die Frühlingszwiebeln waschen, von welken Blättern und dem wurzeligen Ende befreien. Die knackigen grünen Blattteile abschneiden und beiseite legen, den Rest der Zwiebeln in feine Ringe schneiden. Den Knoblauch schälen und fein hacken.

2 In einem Topf das Fleisch in 1 EL Butter 2–3 Min. andünsten. Ca. 100 g Fleisch herausnehmen, beiseitestellen. Zwiebeln und Knoblauch mitdünsten. Mehl darüber stäuben und kurz anschwitzen. Nach Belieben mit dem Sherry ablöschen, Brühe angießen, zum Kochen bringen. Die Suppe offen bei mittlerer Hitze 10 Min. köcheln lassen. Dann fein pürieren. Restliches Fleisch in die Suppe geben.

3 Die restliche Butter in einer Pfanne zerlassen, die Mandelblättchen darin bei mittlerer Hitze unter Rühren goldbraun braten. Herausnehmen. Frühlingszwiebelgrün in feine Ringe schneiden.

4 Die Sahne mit den Quirlen des Handrührgeräts steif schlagen und unter die Suppe heben. Mit Salz, Pfeffer, Koriander und Zitronensaft abschmecken. In Teller füllen und mit den Mandelblättchen und Frühlingszwiebeln garnieren.

scharf | zitronenfrisch

Asia-Hühnersuppe

400 g Hähnchenbrustfilet | ½ Bund Koriander-
grün | 1 Stück Ingwer (ca. 4 cm) | 4 Frühlings-
zwiebeln | 200 g Champignons | 1 l Hühnerbrühe
(s. S. 10 oder aus dem Glas) | 2 getrocknete
Chilischoten | 4 EL Sojasauce | 125 g schmale
Reisbandnudeln

Für 4 Personen | 25 Min. Zubereitung
Pro Portion ca. 265 kcal, 26 g EW, 3 g F, 31 g KH

1 Hähnchenfleisch in Scheiben schneiden. Korianderblättchen fein hacken. Den Ingwer schälen und
in Streifen schneiden. Frühlingszwiebeln waschen,
putzen und in Ringe schneiden. Die Pilze putzen
und in dünne Scheiben schneiden.

2 Die Brühe zum Kochen bringen. Chilischoten
zerkrümeln und mit der Sojasauce untermischen.
Reisnudeln darin bei starker Hitze in 4–5 Min. bissfest kochen. Huhn, Zwiebelringe und Pilze untermischen und weitere 2–3 Min. garen. Mit Koriander
bestreut servieren.

aus Griechenland | ganz einfach

Zitronensuppe

100 g Langkornreis | 1 ¼ l Hühnerbrühe
(s. S. 10 oder aus dem Glas) | 300 g gegartes
Hähnchenfleisch | 2 Stiele Minze | 1 Bio-Zitrone
| 125 g Sahne | 2 sehr frische Eigelbe (Größe M) |
Salz | Pfeffer

Für 4 Personen | 30 Min. Zubereitung
Pro Portion ca. 355 kcal, 19 g EW, 21 g F, 23 g KH

1 Den Reis in der Brühe bei schwacher Hitze in
etwa 20 Min. bissfest garen. Inzwischen Hähnchenfleisch in Streifen zupfen. Die Minze waschen,
trocken schütteln, Blättchen abzupfen und fein
schneiden. Zitrone heiß waschen, abtrocknen,
Schale fein abreiben und Zitronensaft auspressen.

2 Die Sahne mit den Eigelben verquirlen. Die
Hähnchenstreifen in der Suppe heiß werden lassen.
Den Topf vom Herd ziehen und die Eigelbsahne
unter die Brühe rühren. Die Suppe mit der Zitronenschale und etwa 2 EL Saft, Salz und Pfeffer abschmecken und mit der Minze bestreut servieren.

Klassiker auf neue Art

Hühnerfrikassee mit Gemüse

Mit einer ganz leichten Mehlschwitze, viel aromatischem Gemüse und zitronenfrisch gewürzt, ist diese moderne Version ein ganz besonderes Geschmackserlebnis.

1 gekochtes Suppenhuhn oder Brathuhn
(s. S. 10 oder S. 46)
250 g grüner Spargel | Salz
250 g TK-Erbsen
1 weiße Zwiebel
1 EL Butter
1 EL Mehl
½ l Hühnerbrühe (s. S. 10 oder aus dem Glas)
2 Stiele Zitronenmelisse
1 Bio-Zitrone
100 g Crème fraîche | Pfeffer

Für 4 Personen | 🕙 40 Min. Zubereitung
Pro Portion ca. 500 kcal, 43 g EW, 30 g F, 13 g KH

1 Das Hühnerfleisch von den Knochen lösen, häuten und in Streifen zupfen oder in Würfel schneiden. Den Spargel waschen, die holzigen Enden abschneiden und die zarten Stangen in etwa 2 cm lange Stücke schneiden.

2 Salzwasser zum Kochen bringen. Den Spargel darin 2 Min. sprudelnd kochen lassen. Die Erbsen hinzufügen und das Gemüse weitere 2 Min. garen, bis es bissfest ist. In ein Sieb abgießen, kalt abschrecken und abtropfen lassen.

3 Die Zwiebel schälen, halbieren und in Streifen schneiden. Die Butter in einem Topf zerlassen. Die Zwiebel dazugeben und darin glasig andünsten. Das Mehl darüberstäuben und goldgelb und schaumig werden lassen. Die Brühe langsam und unter

Rühren dazugießen. Alles offen bei mittlerer Hitze etwa 10 Min. köcheln lassen.

4 Inzwischen die Zitronenmelisse abbrausen und trocken schütteln. Die Blättchen abzupfen und fein schneiden. Die Zitrone heiß waschen und abtrocknen, Schale fein abreiben, eine Hälfte auspressen.

5 Die Crème fraîche unter die Sauce rühren, mit Salz und Pfeffer abschmecken. Hühnerfleisch und Gemüse untermischen und heiß werden lassen. Das Frikassee mit der Zitronenschale und 2–3 TL Zitronensaft abschmecken, die Melisse unterrühren. Das Frikassee sofort servieren.

UND DAZU?
Besonders gut passen zu dem saucenreichen Frikassee Reis oder Kartoffelpüree.

AUSTAUSCH-TIPP
Statt Spargel und Erbsen schmecken auch grüne Bohnen und Frühlingszwiebeln oder Möhren. Das Gemüse ebenfalls, wie in Arbeitsschritt 2 beschrieben, in Salzwasser blanchieren, bis es bissfest ist.

italienisch inspiriert | würzig

Pochierte Hühnerbrust

1 Scheibe Toastbrot (ca. 20 g)
1 großes Bund Petersilie
1 Bund Basilikum
4 Sardellenfilets in Öl
2 Knoblauchzehen
½ Bio-Zitrone
2 EL Kapern | 5 EL Olivenöl
Salz | Pfeffer
¾ l Hühnerbrühe (s. S. 10 oder aus dem Glas)
4 Hähnchenbrustfilets (à ca. 180 g)

Für 4 Personen | 30 Min. Zubereitung
Pro Portion ca. 345 kcal, 40 g EW, 17 g F, 5 g KH

1 Das Toastbrot etwa 10 Min. in kaltem Wasser einweichen. Die Kräuter waschen, trocken schütteln, Blättchen abzupfen und grob hacken. Die Sardellenfilets abtropfen lassen. Den Knoblauch schälen und fein hacken. Die Zitrone heiß waschen und abtrocknen, Schale fein abreiben, Saft auspressen.

2 Das Brot ausdrücken und mit Kräutern, Sardellen, Knoblauch, Kapern und Öl fein pürieren. Die Zitronenschale und 1 EL Saft unterrühren und die Sauce mit Salz und Pfeffer abschmecken.

3 Die Hühnerbrühe zum Kochen bringen. Das Hähnchenfleisch kalt abspülen und trocken tupfen. Fleisch in die heiße, aber nicht kochende Brühe legen und darin bei schwacher Hitze in etwa 10 Min. sanft gar ziehen lassen. Die Hähnchenfilets aus der Brühe heben und mit der Sauce servieren. Dazu passt knuspriges Weißbrot und ein Tomatensalat oder Salzkartoffeln.

leicht und bekömmlich

Huhn im Mangoldblatt

8 größere Mangoldblätter (ca. 250 g)
Salz | 1 milde weiße Zwiebel
1 kleine rote Paprikaschote
8 Zweige Basilikum
100 g Doppelrahm-Frischkäse oder Ricotta
50 g frisch geriebener Bergkäse | Pfeffer
4 Hähnchenbrustfilets (à ca. 180 g)
¼ l Hühnerbrühe (s. S. 10 oder aus dem Glas)
4 EL Sherry (nach Belieben)

Für 4 Personen | 45 Min. Zubereitung
Pro Portion ca. 350 kcal, 46 g EW, 16 g F, 3 g KH

1 Mangoldblätter waschen und dickere Blattrippen flacher schneiden. In kochendem Salzwasser 1–2 Min. blanchieren, bis sie biegsam sind. In ein Sieb abgießen, abschrecken und abtropfen lassen.

2 Zwiebel schälen. Paprikaschote waschen, putzen. Beides sehr klein schneiden. Basilikumblättchen waschen und fein schneiden. Frischkäse, Bergkäse, Zwiebel, Paprika und Basilikum verrühren, salzen und pfeffern.

3 Die Hähnchenbrustfilets kalt abspülen, trocken tupfen, salzen und pfeffern und rundherum mit der Käsecreme einstreichen. Jeweils 2 Mangoldblätter leicht überlappend aufeinanderlegen und je 1 Hähnchenbrustfilet darin einwickeln. Nebeneinander in einen Dämpfeinsatz legen.

4 Brühe mit Sherry in einem Topf aufkochen. Den Dämpfeinsatz darüberstellen und die Filets zugedeckt bei starker Hitze etwa 18 Min. dämpfen. Die Garflüssigkeit abschmecken und dazureichen.

schnell | pikant

Hühnercurry

500 g Blumenkohlröschen | Salz
600 g Hähnchenbrustfilets
4 Frühlingszwiebeln
1 Stück Ingwer (ca. 3 cm)
2 Knoblauchzehen
2 rote Chilischoten
4 EL Cashewnusskerne
2 EL Butter | 1 EL neutrales Öl
2 TL Currypulver | 1 Prise Zimtpulver
¼ l Hühnerbrühe (s. S. 10 oder aus dem Glas)

Für 4 Personen | ⌚ 30 Min. Zubereitung
Pro Portion ca. 320 kcal, 37 g EW, 14 g F, 7 g KH

1 Die Blumenkohlröschen waschen und in kochendem Salzwasser 1–2 Min. vorgaren. In ein Sieb abgießen, kalt abschrecken und abtropfen lassen.

2 Das Hähnchenfleisch waschen und 1 cm groß würfeln. Frühlingszwiebeln waschen, putzen und in Ringe schneiden. Das Grün beiseitelegen. Ingwer und Knoblauch schälen, fein hacken. Chilischoten waschen und mit den Kernen in Ringe schneiden. Cashewkerne längs halbieren.

3 Butter und Öl in einem Topf erhitzen. Die Cashewkerne darin bei mittlerer Hitze unter Rühren goldgelb rösten, herausnehmen. Das Hähnchenfleisch im Bratfett unter Rühren etwa 2 Min. braten. Die hellen Zwiebelringe, Ingwer, Knoblauch, Chili und Blumenkohl kurz mitbraten. Mit Curry und Zimt bestreuen und kurz weiterbraten.

4 Brühe angießen, mit Salz abschmecken und zugedeckt bei schwacher Hitze in 2–3 Min. erhitzen. Mit Cashewkernen und Zwiebelgrün bestreuen.

würzig | für Gäste

Hühnertopf 1001 Nacht

1 Döschen Safranfäden (0,1 g)
800 g Hähnchenbrustfilets
Salz | Pfeffer
2 Zwiebeln | 4 Knoblauchzehen
1 Bund Koriandergrün
2 ½ EL Butterschmalz
je 2 TL gemahlener Kreuzkümmel, Koriander, mildes und scharfes Paprikapulver
200 g Joghurt | 1 TL Speisestärke
2 EL Mandelblättchen

Für 4 Personen | ⌚ 35 Min. Zubereitung
Pro Portion ca. 390 kcal, 46 g EW, 16 g F, 8 g KH

1 Den Safran zerkrümeln und mit 4 EL lauwarmem Wasser verrühren. Das Hähnchenfleisch waschen und 2 cm groß würfeln, salzen und pfeffern. Zwiebeln und Knoblauch schälen und fein würfeln. Den Koriander waschen, trocken schütteln, 1 EL Blättchen beiseitelegen, den Rest fein schneiden.

2 In einem Topf 2 EL Butterschmalz erhitzen, Fleisch darin nacheinander in drei Portionen anbraten, herausnehmen. Zwiebeln, Knoblauch und Koriander im Bratfett andünsten. Gewürze darüberstäuben, kurz mitbraten. Joghurt und Speisestärke verrühren und mit dem Safranwasser in den Topf geben, salzen und pfeffern.

3 Das Hähnchen wieder zugeben und zugedeckt bei schwacher Hitze etwa 7 Min. garen. Vor dem Servieren die Mandelblättchen im restlichen Butterschmalz goldgelb rösten. Leicht salzen und mit dem übrigen Koriander auf das Hähnchenfleisch streuen. Dazu passt Reis oder Couscous.

oben: Hühnercurry | unten: Hühnertopf 1001 Nacht

ungarisch | cremig leicht

Hähnchengulasch mit Paprika

Knackiges Gemüse, zartes Hähnchenfleisch und viel Würze durch zweierlei Paprikapulver. Diese Kombination sorgt für leichten Gulaschgenuss.

700 g Hähnchenbrustfilets
3 rote Paprikaschoten
1 Stange Lauch
2 milde weiße Zwiebeln
2 Knoblauchzehen
4 Zweige Thymian
1 EL Öl
1 EL Butter
Salz | Pfeffer
2 TL rosenscharfes Paprikapulver
1 EL edelsüßes Paprikapulver
200 ml Hühnerbrühe (s. S. 10 oder aus dem Glas)
150 g saure Sahne oder Crème fraîche

Für 4 Personen | ⊕ 40 Min. Zubereitung
Pro Portion ca. 330 kcal, 41 g EW, 13 g F, 9 g KH

1 Das Hähnchenfleisch kalt abspülen, trocken tupfen und in etwa 3 cm große Würfel schneiden. Die Paprikaschoten waschen, halbieren, weiße Trennwände und Kerne entfernen. Die Schotenhälften in dünne Streifen schneiden. Den Lauch waschen, putzen und in dünne Ringe schneiden. Die Zwiebeln schälen, halbieren und in Streifen schneiden. Den Knoblauch schälen und fein hacken. Den Thymian waschen und trocken schütteln, die kleinen Blättchen von den Zweigen streifen.

2 Das Öl und die Butter in einem Topf erhitzen. Die Hähnchenwürfel darin nacheinander in 2–3 Portionen bei starker Hitze 4–5 Min. anbraten, salzen, pfeffern und wieder herausnehmen.

3 Paprikastreifen, Lauch, Zwiebeln, Knoblauch und Thymian im Bratfett bei mittlerer Hitze 2–3 Min. andünsten. Beide Sorten Paprikapulver darüberstäuben und leicht anschwitzen. Die Hühnerbrühe angießen und das Gemüse zugedeckt bei schwacher Hitze etwa 10 Min. schmoren.

4 Das Hähnchenfleisch untermischen und zugedeckt 2–3 Min. weitergaren. Die saure Sahne oder Crème fraîche unterrühren und das Gulasch mit Salz und Pfeffer abschmecken. Dazu schmecken Reis, Bandnudeln oder Kartoffelpüree.

VARIANTE – MEDITERRANES HÄHNCHENGULASCH
1 rote Paprikaschote, 2 Zucchini und 1 kleine Aubergine waschen, putzen und klein würfeln. Die Nadeln von 1 Zweig Rosmarin mit 4 Salbeiblättchen und 2 Knoblauchzehen hacken. Hähnchenfleisch wie beschrieben portionsweise in Olivenöl anbraten, anschließend herausnehmen. Gemüse mit Kräutern und Knoblauch im Bratfett anbraten. Mit 200 g gewürfelten Tomaten und ⅛ l trockenem Rotwein oder Hühnerbrühe aufgießen und mit Salz und Chilipulver würzen. 15 Min. zugedeckt bei schwacher Hitze schmoren. Hähnchenfleisch untermischen und erwärmen. Nach Belieben vor dem Servieren mit zerkrümeltem Schafkäse (Feta) bestreuen.

Klassiker aus dem Burgund

Coq au vin

Der »Hahn im Wein« ist ein französisches Nationalgericht. Je nach Gebiet wird er dort auch mit Rosé oder Riesling zubereitet. Das Original kommt aber aus dem Burgund.

1 Poularde (ca. 1,4 kg)
Salz | Pfeffer
150 g durchwachsener Räucherspeck
4 Zweige Thymian
2 Lorbeerblätter
1 EL Öl | 3 EL Butter | 2 TL Mehl
½ l Rotwein (z. B. Burgunder)
je 200 g kleine Schalotten und Champignons
½ Bund Petersilie

Für 4 Personen
◎ 40 Min. Zubereitung | 50 Min. Schmoren
Pro Portion ca. 770 kcal, 57 g EW, 58 g F, 5 g KH

1 Die Poularde in 8–12 Stücke teilen (s. S. 6/7), kalt abspülen und trocken tupfen, salzen und pfeffern. Den Speck ohne Schwarte in kleine Würfel schneiden. Die Kräuter kalt abspülen.

2 Das Öl und 1 EL Butter in einem Schmortopf erhitzen. Den Speck darin bei mittlerer Hitze leicht knusprig werden lassen. Mit dem Schaumlöffel herausheben. Hühnerteile im heißen Fett portionsweise anbraten und herausnehmen. Das Mehl einrühren und kurz anschwitzen.

3 Den Wein angießen und aufkochen lassen. Die Hühnerteile wieder einlegen. Kräuter einlegen und das Huhn zugedeckt etwa 25 Min. bei schwacher Hitze schmoren lassen.

4 Inzwischen die Schalotten schälen. Die Pilze putzen und bei Bedarf mit einem Tuch abreiben. Die übrige Butter in einer Pfanne schmelzen. Schalotten und Pilze darin bei mittlerer Hitze 2–3 Min. andünsten, dann zugedeckt bei schwacher Hitze 10 Min. garen. Den Speck untermischen, das Gemüse salzen, pfeffern und zum Huhn in den Topf geben. Nochmals etwa 25 Min. schmoren. Die Petersilie kalt abbrausen und fein hacken. Coq au vin damit bestreuen und mit Baguette servieren.

VARIANTE – HÜHNERKEULEN MIT ROTWEIN-ZWIEBELN

4 Hühnerkeulen kalt abspülen und trocken tupfen, rundherum mit Salz und Pfeffer würzen. 800 g Zwiebeln schälen, halbieren und in 1 cm breite Streifen schneiden. ½ Bund Thymian waschen und trocken schütteln, die Blättchen abzupfen. Nach Belieben 1 Chilischote waschen und mit den Kernen in feine Ringe schneiden. 2 EL Öl in einem Schmortopf erhitzen, die Hühnerkeulen darin von beiden Seiten bei mittlerer bis starker Hitze anbraten, aus dem Topf nehmen. Zwiebeln, Thymian und Chilischote im heißen Öl bei mittlerer Hitze andünsten. Mit 200 ml Rotwein ablöschen und mit 2 TL Honig, der Schale von ½ Bio-Zitrone, Salz und Pfeffer würzen. Die Hühnerkeulen wieder einlegen und zugedeckt bei schwacher Hitze etwa 35 Min. schmoren. Dabei die Zwiebeln ab und zu umrühren und die Keulen einmal umdrehen. Dazu schmeckt Reis, Polenta oder einfach nur Stangenweißbrot und ein Salat.

indische Vorspeise

Hähnchenpakora

200 g Kichererbsenmehl
Salz | 2 TL Öl
1 Bund Minze
½ Bund Koriandergrün
250 g Joghurt
1 TL gemahlener Kreuzkümmel
je 1 Prise Chilipulver und Zimtpulver
600 g Hähnchenbrustfilets
¾ l Öl zum Frittieren

Für 4 Personen | ⏲ 40 Min. Zubereitung
Pro Portion ca. 520 kcal, 45 g EW, 21 g F, 32 g KH

1 Das Kichererbsenmehl mit 1 TL Salz, Öl und
¼ l lauwarmem Wasser mit dem Schneebesen zu
einem glatten Teig verrühren. Beiseitestellen und
15 Min. ruhen lassen.

2 Inzwischen für den Joghurt die Kräuter waschen,
trocken schütteln, die Blättchen fein hacken. Den
Joghurt mit Kreuzkümmel, Chili und Zimt verrühren,
die Kräuter untermischen und salzen.

3 Das Hähnchenfleisch kalt abspülen, trocken
tupfen und 2 cm groß würfeln. Das Öl zum Frittieren
in einem weiten Topf erhitzen. Es ist heiß genug,
wenn an einem hölzernen Kochlöffelstiel, den man
ins Fett taucht, viele Bläschen aufsteigen.

4 Den Teig noch einmal durchrühren. Die Häh-
chenwürfel portionsweise durch den Teig ziehen,
ins heiße Fett legen und etwa 4 Min. frittieren, bis
sie knusprig sind. Mit dem Schaumlöffel herausheben, abtropfen und auf Küchenpapier gut abfetten
lassen. Hähnchenpakora mit Minzjoghurt servieren.

italienische Feinkost

Hähnchen-Involtini

4 große Hähnchenbrustfilets (à ca. 200 g)
100 g gegrillte gehäutete Paprika (aus dem Glas)
2 getrocknete in Öl eingelegte Tomaten
1 Stück Bio-Zitronenschale (ca. 2 cm)
2 Knoblauchzehen | 2 Frühlingszwiebeln
75 g Gorgonzola | 75 g Mozzarella
Salz | Pfeffer | 2 EL Olivenöl
100 ml trockener Weißwein oder Hühnerbrühe
1 TL frisch gepresster Zitronensaft
Zahnstocher zum Feststecken

Für 4 Personen | ⏲ 45 Min. Zubereitung
Pro Portion ca. 400 kcal, 46 g EW, 19 g F, 2 g KH

1 Filets abspülen, trocken tupfen und jeweils
einmal horizontal der Länge nach durchschneiden.
Paprika und Tomaten fein würfeln. Die Zitronenschale fein hacken. Knoblauch schälen und durchpressen. Frühlingszwiebeln putzen und fein schneiden. Beide Käsesorten würfeln und mit Paprika,
Tomaten, Knoblauch, Zitronenschale und Zwiebeln
mischen, leicht salzen und kräftig pfeffern.

2 Die Hähnchenscheiben zwischen Klarsichtfolie
legen und mit einer schweren Pfanne flach klopfen,
leicht salzen und pfeffern und die Käsemischung
darauf verteilen. Jeweils einen Rand frei lassen. Die
Ränder nach innen schlagen, Hähnchenscheiben
aufrollen und mit Zahnstochern fixieren.

3 Das Öl in einem Topf erhitzen, die Röllchen
darin rundherum anbraten. Mit Wein oder Brühe
ablöschen und zugedeckt bei schwacher Hitze
etwa 10 Min. schmoren. Die Sauce mit Zitronensaft,
Salz und Pfeffer abschmecken. Dazu Bandnudeln,
Polenta oder Brot reichen.

Türkisches zum Sattessen

Hähnchen-Pilaw

4 Knoblauchzehen
1 Möhre | 2 Stangen Staudensellerie
4 EL Butter
2 EL Rosinen | 2 EL Pinienkerne
300 g Langkornreis
1 l Hühnerbrühe (s. S. 10 oder aus dem Glas)
Salz | Pfeffer | 2 TL gemahlener Kreuzkümmel
500 g Hähnchenbrustfilets
200 g Kirschtomaten

Für 4 Personen | ⊚ 35 Min. Zubereitung
Pro Portion ca. 550 kcal, 34 g EW, 15 g F, 68 g KH

1 Knoblauch und Möhre schälen und klein würfeln. Den Sellerie waschen, putzen und ebenfalls würfeln. Das zarte Grün hacken und beiseitelegen.

2 Die Hälfte der Butter im Topf zerlassen. Rosinen und Pinienkerne darin anrösten. Reis mit Gemüse und Knoblauch dazugeben und gut unterrühren. Die Brühe angießen und aufkochen. Alles mit Salz, Pfeffer und Kreuzkümmel würzen und zugedeckt bei schwacher Hitze 10 Min. garen.

3 Inzwischen das Hähnchenfleisch abspülen, trocken tupfen und 1 cm groß würfeln. Die Tomaten waschen und vierteln. Die übrige Butter in einer Pfanne zerlassen und das Hähnchenfleisch darin rundherum anbraten. Fleisch und Tomaten unter den Reis mischen und alles weitere 10 Min. zugedeckt garen. Abschmecken und mit dem Selleriegrün garnieren. Reichen Sie dazu Würzjoghurt, z. B. den Minzjoghurt von S. 25.

deftig-pikant | preiswert

Hühner-Linseneintopf

1 Bund Suppengrün
2 Knoblauchzehen
1 getrocknete Chilischote
3 EL Olivenöl
400 g braune oder grüne Linsen
800 ml Hühnerbrühe (s. S. 10 oder aus dem Glas)
600 g Hähnchenbrustfilets
½ Bund Basilikum
Salz | Pfeffer | 2 EL Aceto balsamico
1 EL Tomatenmark

Für 4 Personen | ⊚ 50 Min. Zubereitung
Pro Portion ca. 545 kcal, 57 g EW, 12 g F, 48 g KH

1 Das Suppengrün schälen oder waschen, putzen und klein würfeln. Den Knoblauch schälen und fein hacken. Die Chilischote fein zerkrümeln.

2 Die Hälfte des Öls in einem Topf erhitzen, das Suppengrün mit dem Knoblauch und der Chilischote darin andünsten. Die Linsen dazugeben und mit der Brühe aufgießen. Zugedeckt bei schwacher Hitze etwa 40 Min. schmoren, bis die Linsen gar sind.

3 Nach etwa 30 Min. das Hähnchenfleisch kalt abspülen und trocken tupfen. Quer in dünne Scheiben schneiden. Das Basilikum waschen und trocken schütteln. Die Blättchen in Streifen schneiden.

4 Das restliche Öl in einer Pfanne erhitzen, die Hähnchenscheiben darin bei starker Hitze unter Rühren etwa 2 Min. braten, bis sie gleichmäßig hell gebräunt sind. Mit Salz und Pfeffer würzen. Das Hähnchenfleisch mit Balsamico und Tomatenmark unter die Linsen mischen, abschmecken und mit Basilikum bestreut servieren.

oben: Hähnchen-Pilaw | unten: Hühner-Linseneintopf

Aus der Pfanne

Schnelligkeit steht bei den Gerichten dieses Kapitels an erster Stelle. Natürlich muss der Hähnchengenuss darunter nicht leiden. Ob auf Salat, als Schnitzel oder Geschnetzeltes in feiner Sauce oder asiatisch mit Yakitori- oder Erdnusssauce. Hähnchen aus der Pfanne oder dem Wok ist unschlagbar schnell fertig, saftig und unvergleichlich gut!

Hähnchen-Saltimbocca

3 große Hähnchenbrustfilets (à ca. 200 g)
100 g roher geräucherter Schinken in dünnen
Scheiben
9 Salbeiblättchen
Salz | Pfeffer
1 EL Butter | 2 EL Olivenöl
⅛ l trockener Weißwein oder Hühnerbrühe

Für 4 Personen | 20 Min. Zubereitung
Pro Portion ca. 320 kcal, 47 g EW, 13 g F, 0 g KH

1 Die Hähnchenbrustfilets kalt abspülen und trocken tupfen. Mit einem scharfen Messer horizontal der Länge nach in je 3 dünne Schnitzel schneiden. Die Schinkenscheiben in Größe der Fleischstücke zuschneiden und je 1 Scheibe auf 1 Schnitzel legen. Die Salbeiblättchen waschen, trocken tupfen und darauf verteilen. Schinken und Salbei mit Zahnstochern auf dem Hähnchenfleisch feststecken.

2 Die unbelegte Seite der Hähnchenschnitzel leicht mit Salz und Pfeffer würzen. Butter und Öl in zwei Pfannen verteilen und gleichzeitig erhitzen. Die Hähnchen-Saltimbocca mit der Schinkenseite nach unten einlegen und bei mittlerer Hitze etwa 2 Min. braten. Dann die Schnitzel wenden und in 1 Min. fertig braten.

3 Die Saltimbocca aus der Pfanne nehmen und zugedeckt warm halten. Den Wein oder die Brühe in die Pfannen verteilen und den Bratensatz damit lösen. Die Saucen zusammengießen, mit Salz und Pfeffer abschmecken und zu den Saltimbocca reichen. Dazu Rosmarinkartoffeln oder Brot und Blattsalat servieren.

leichte Zwischenmahlzeit

Sesamhuhn auf Salat

500 g Hähnchenbrustfilets
1 Stück Ingwer (ca. 3 cm)
1 Bio-Zitrone | 4 EL Sojasauce
Chilipulver (nach Belieben)
1 mittelgroßer Kopfsalat
1 Bund Radieschen | 2 Frühlingszwiebeln
Salz | Pfeffer
5 EL Olivenöl | 100 g Sesamsamen
1 EL Butter

Für 4 Personen | ⏲ 30 Min. Zubereitung
Pro Portion ca. 435 kcal, 33 g EW, 30 g F, 6 g KH

1 Das Fleisch abspülen, trocken tupfen und quer in 1 cm dicke Scheiben schneiden. Ingwer schälen und durch eine Knoblauchpresse drücken. Zitrone heiß waschen und ½ TL Schale abreiben, eine Hälfte auspressen. Ingwer und Zitronenschale mit Sojasauce und Chilipulver mischen. Die Hähnchenscheiben in der Würzsauce wenden.

2 Die Salatblätter waschen, trocken schütteln und in mundgerechte Stücke zupfen. Die Radieschen waschen und in Scheiben schneiden. Die Frühlingszwiebeln putzen, waschen und in feine Ringe schneiden. 1 EL Zitronensaft mit Salz und Pfeffer verrühren. 4 EL Olivenöl unterschlagen.

3 Die Hähnchenscheiben in den Sesamsamen wenden. Das restliche Öl mit der Butter in einer großen Pfanne erhitzen. Die Hähnchenscheiben darin bei mittlerer Hitze pro Seite ca. 2 Min. braten.

4 Salatblätter, Radieschen und Zwiebelringe mit der Salatsauce mischen und auf Teller verteilen. Die Hähnchenscheiben daraufsetzen und servieren.

Vorspeise oder Imbiss

Korianderhuhn

2 Avocados | 4 feste reife Tomaten
1 EL frisch gepresster Zitronensaft
1 TL scharfer Senf
Salz | Pfeffer | 4 EL Olivenöl
2 TL Koriandersamen
¼ Bund Koriander
400 g Hähnchenbrustfilets

Für 4 Personen | ⏲ 25 Min. Zubereitung
Pro Portion ca. 465 kcal, 24 g EW, 39 g F, 2 g KH

1 Avocados der Länge nach rundherum bis zum Kern einschneiden. Die Hälften gegeneinander drehen und auseinanderlösen. Den Kern mit der Messerspitze herausheben. Avocados schälen und in dünne Scheiben schneiden. Die Tomaten waschen und ebenfalls in dünne Scheiben schneiden, dabei den Stielansatz herausschneiden.

2 Avocados und Tomaten abwechselnd dachziegelartig auf vier Tellern auslegen. Zitronensaft, Senf, Salz und Pfeffer verrühren. 2 EL Öl cremig unterschlagen und über das Gemüse träufeln.

3 Die Koriandersamen in einer Pfanne ohne Fett bei mittlerer Hitze etwa 1 Min. anrösten, im Mörser fein zerstoßen. Den Koriander waschen, trocken schütteln, die Blättchen abzupfen und fein hacken. Das Hähnchenfleisch waschen, trocken tupfen und in feine Streifen schneiden.

4 Das übrige Öl in einer Pfanne erhitzen. Die Hähnchenstreifen darin bei starker Hitze unter Rühren etwa 3 Min. braten. Koriandersamen und frischen Koriander zugeben, das Hähnchenfleisch salzen und auf den Avocados und Tomaten verteilen.

oben: Sesamhuhn auf Salat | unten: Korianderhuhn

leicht scharf | erfrischend und knusprig

Hähnchenschnitzel mit Zitronen-Kapern-Creme

Die kleinen Schnitzelchen sind eine gesunde Alternative zum Wiener Schnitzel!
Immer zart und saftig und mit der zitronenfrischen Sauce ein würziger Genuss.

2 Essiggurken
1 Bund Schnittlauch
2 EL Kapern
½ Bio-Zitrone
200 g saure Sahne
Salz | Pfeffer
600 g Hähnchenbrustfilets
2 EL Mehl
2 Eier (Größe M)
1 TL Wasabipaste (grüner japanischer Meerrettich)
100 g Semmelbrösel
3 EL Butterschmalz

Für 4 Personen | ⊚ 30 Min. Zubereitung
Pro Portion ca. 450 kcal, 41 g EW, 19 g F, 8 g KH

1 Die Essiggurken in kleine Würfel schneiden. Den Schnittlauch waschen, trocken schütteln und in feine Röllchen schneiden. Kapern abtropfen lassen und hacken. Die Zitronenhälfte heiß waschen, abtrocknen und die Schale fein abreiben.

2 Saure Sahne mit Gurken, Schnittlauch, Kapern und Zitronenschale mischen und mit Salz und Pfeffer abschmecken.

3 Die Hähnchenbrustfilets kalt abspülen und trocken tupfen, dann quer in 1 cm dicke Scheiben schneiden (Bild 1), mit dem Mehl, Salz und Pfeffer mischen. Die Eier verquirlen. Die Wasabipaste mit 1 EL der Eiermasse glatt rühren, dann unter die restlichen Eier mischen und in einen tiefen Teller geben. Semmelbrösel in einen zweiten Teller füllen.

4 Die bemehlten Hähnchenscheiben erst durch die Eiermasse ziehen, dann in den Semmelbröseln wenden (Bild 2). Butterschmalz in einer großen Pfanne erhitzen, die Hähnchenschnitzel darin bei mittlerer Hitze pro Seite etwa 3 Min. braten. Mit der Sauce und z. B. Bratkartoffeln oder Brot servieren.

VARIANTE – HÄHNCHEN IM KOKOSMANTEL
Die Eier mit der abgeriebenen Schale von 1 Bio-Limette verrühren und salzen. Statt der Semmelbrösel 100 g Kokosflocken mit 2 EL Sesamsamen mischen. Das Hähnchenfleisch im Mehl dann in den Eiern und zum Schluss in den Kokosflocken wenden. In Butterschmalz bei etwas kleinerer Hitze braten, bis sie knusprig braun sind. Mit süßsaurer Chilisauce aus dem Glas servieren.

TIPP
Statt Wasabipaste können Sie auch 2 TL Meerrettich unter die Eier mischen. Im Asialaden finden Sie auch Panko-Mehl. Dieses etwas hellere und lockerere Paniermehl kommt aus Japan und ist eine tolle Alternative zu den bekannten Semmelbröseln.

pikant | cremig

Hähnchenschnitzel mit Meerrettich-Sahne

700 g Hähnchenbrustfilets
Salz | Pfeffer
½ Bio-Orange
1 Stück frischer Meerrettich (ca. 3 cm)
1 Kästchen Gartenkresse
1 EL Butter
2 EL Öl
150 ml Hühnerbrühe (s. S. 10 oder aus dem Glas)
125 g Sahne

Für 4 Personen | ⏱ 15 Min. Zubereitung
Pro Portion ca. 360 kcal, 38 g EW, 21 g F, 2 g KH

1 Das Hähnchenfleisch kalt abspülen, trocken tupfen und quer in etwa ½ cm dünne Scheiben schneiden. Leicht salzen und pfeffern.

2 Die Orangenhälfte heiß waschen und abtrocknen, die Schale fein abreiben, den Saft auspressen. Den Meerrettich schälen und fein reiben. Zugedeckt in einem Schälchen beiseitestellen. Die Kresse vom Beet schneiden.

3 Die Butter und das Öl in einer großen Pfanne erhitzen. Die Hähnchenschnitzel darin pro Seite etwa 1 Min. bei starker Hitze braten. Aus der Pfanne nehmen und im Backofen bei 70° warm halten.

4 Die Brühe und die Sahne in die Pfanne gießen und den Bratensatz damit loskochen. Sauce bei starker Hitze etwas einkochen lassen. Orangenschale mit 1 EL Saft und dem Meerrettich untermischen, mit Salz und nach Belieben mit Orangensaft abschmecken. Die Sauce über den Schnitzeln verteilen und alles mit der Kresse bestreut servieren.

ganz schnell | gelingt leicht

Hähnchengeschnetzeltes in Tomaten-Oliven-Sauce

700 g Hähnchenbrustfilets
400 g Kirschtomaten
1 rote Zwiebel | 2 Knoblauchzehen
4 Zweige Thymian
1 EL Butter | 1 EL Olivenöl
Salz | Pfeffer
⅛ l trockener Weißwein oder Hühnerbrühe
½ Bund Petersilie
2 EL grüne Oliven

Für 4 Personen | ⏱ 30 Min. Zubereitung
Pro Portion ca. 265 kcal, 38 g EW, 9 g F, 4 g KH

1 Das Hähnchenfleisch kalt abspülen, trocken tupfen und in Streifen schneiden. Die Tomaten waschen und halbieren. Die Zwiebel und den Knoblauch schälen und fein würfeln. Thymian waschen, trocken schütteln und die Blättchen abstreifen.

2 Butter und Öl in einer großen Pfanne erhitzen. Die Hähnchenstreifen darin nacheinander in 3 Portionen bei starker Hitze unter Rühren braten, bis sie gleichmäßig hell gebräunt sind. Salzen, pfeffern, aus der Pfanne nehmen und zugedeckt warm halten.

3 Tomaten, Zwiebel, Knoblauch und Thymian ins Bratfett geben und unter Rühren etwa 2 Min. braten. Mit Wein oder Brühe ablöschen und offen 2–3 Min. köcheln lassen.

4 Die Petersilienblättchen waschen, trocken tupfen und fein schneiden, mit den Oliven und den Hähnchenstreifen unter die Tomaten mischen. Die Tomatensauce abschmecken und servieren. Dazu passen Brot und ein Rucolasalat.

Gorgonzola-Nuss-Sauce

2 Frühlingszwiebeln | 1 Stück Bio-Zitronenschale (ca. 2 cm) | ¼ Bund Petersilie | 150 g Gorgonzola | 10 g Walnusskerne | 1 EL Butter | ⅛ l Hühnerbrühe (s. S. 10 oder aus dem Glas) | 50 g Sahne | Salz | Pfeffer | gebratene Hähnchenschnitzel oder Geschnetzeltes von Seite 34

Für 4 Personen | 🕐 15 Min. Zubereitung
Pro Portion ca. 215 kcal, 8 g EW, 8 g F, 1 g KH

1 Frühlingszwiebeln waschen, putzen und in feine Ringe schneiden. Zitronenschale in feine Streifen schneiden. Petersilie waschen, die Blättchen fein hacken. Den Käse würfeln, die Nüsse grob hacken.

2 Die Butter in einem kleinen Topf zerlassen. Die Zwiebelringe, Nüsse und Zitronenschale darin andünsten. Käse, Petersilie, Brühe und Sahne dazugeben und den Käse bei schwacher Hitze unter Rühren schmelzen lassen. Mit Salz und Pfeffer abschmecken und über den Hähnchenschnitzeln verteilen oder mit dem Geschnetzelten mischen.

Zucchinicreme

200 g junge Zucchini | 2 Knoblauchzehen | 1 Schalotte | ½ Bio-Zitrone | 1 EL Butter | ⅛ l Hühnerbrühe | ⅛ l trockener Weißwein oder Hühnerbrühe | 50 g Crème fraîche | 2 TL Pesto (aus dem Glas) | Salz | Pfeffer | 1 Prise Chilipulver | gebratene Hähnchenschnitzel oder Geschnetzeltes von Seite 34

Für 4 Personen | 🕐 20 Min. Zubereitung
Pro Portion ca. 95 kcal, 2 g EW, 9 g F, 3 g KH

1 Zucchini waschen und klein würfeln. Den Knoblauch und die Schalotte schälen und hacken. Die Zitronenschale fein abreiben, den Saft auspressen.

2 In einem Topf Zucchini, Knoblauch und Schalotte in der Butter bei mittlerer Hitze unter Rühren etwa 5 Min. braten. Brühe und Wein dazugeben und aufkochen. Alles mit dem Pürierstab fein pürieren und mit Crème fraîche und Pesto verrühren. Mit 2 TL Zitronensaft, Salz, Pfeffer und Chili abschmecken, mit dem Hähnchen servieren.

angenehm fruchtig | blitzschnell

Kokossauce mit Mango

½ Mango | 1 Stück Ingwer (ca. 2 cm) |
½ Bio-Limette | 1 EL Öl | 200 ml Kokosmilch |
50 ml Hühnerbrühe | Salz | Sambal oelek (scharfe
Chilipaste, nach Belieben) | gebratene Hähnchen-
schnitzel oder Geschnetzeltes von Seite 34

Für 4 Personen | ⏲ 20 Min. Zubereitung
Pro Portion ca. 125 kcal, 1 g EW, 11 g F, 5 g KH

1 Die Mango schälen, das Fruchtfleisch vom Stein
abschneiden und klein würfeln. Das Ingwerstück
schälen und fein hacken. Die Limettenhälfte heiß
waschen und abtrocknen, die Schale fein abreiben.
Den Saft auspressen.

2 Den Ingwer im Öl andünsten. Mangostücke
dazugeben und kurz braten. Mit der Kokosmilch
und der Brühe aufgießen und aufkochen lassen.
Mit Salz, der Limettenschale und 1 EL Saft und nach
Belieben Sambal oelek abschmecken und über
den Hähnchenschnitzeln verteilen oder mit dem
Geschnetzelten mischen.

pikant und frisch

Zitronen-Honig-Sauce

4 Frühlingszwiebeln | 2 rote Chilischoten |
1 Bio-Zitrone | ½ Bund Petersilie | 1 EL Olivenöl |
⅛ l Weißwein oder Hühnerbrühe | 3 TL Honig |
Salz | gebratene Hähnchenschnitzel oder
Geschnetzeltes von Seite 34

Für 4 Personen | ⏲ 15 Min. Zubereitung
Pro Portion ca. 60 kcal, 1 g EW, 3 g F, 7 g KH

1 Frühlingszwiebeln waschen, putzen und in feine
Ringe schneiden. Chilischoten waschen und mit
den Kernen fein hacken. Die Zitrone heiß waschen
und abtrocknen, Schale fein abreiben, Saft auspressen. Die Petersilie waschen, trocken schütteln und
Blättchen fein schneiden.

2 Das Öl in einer Pfanne erhitzen, die Zwiebelringe
mit den Chilis darin unter Rühren bei mittlerer Hitze
etwa 2 Min. braten. Mit dem Wein ablöschen und
aufkochen. Die Sauce mit dem Honig und etwa
3 EL Zitronensaft abschmecken, salzen und Petersilie
untermischen. Über dem Hähnchenfleisch verteilen.

schnell | leicht bekömmlich

Wok-Hähnchen

1 große rote Paprikaschote
1 Bund Frühlingszwiebeln
400 g Egerlinge oder Champignons
1 Stück Ingwer (ca. 4 cm) | 1 Bio-Limette
600 g Hähnchenbrustfilets
150 ml Hühnerbrühe | 5 EL Sojasauce
3 TL Wasabipaste (japanischer grüner
Meerrettich)
2 EL Öl | Salz
Korianderblättchen zum Bestreuen

Für 4 Personen | ◍ 25 Min. Zubereitung
Pro Portion ca. 270 kcal, 37 g EW, 10 g F, 6 g KH

1 Paprikaschote waschen, halbieren, putzen und in feine Streifen schneiden. Frühlingszwiebeln waschen, putzen und in feine Ringe schneiden. Pilze mit Küchenpapier säubern, Stielenden abschneiden. Pilze in 1 cm dicke Scheiben schneiden.

2 Den Ingwer schälen und in feine Stifte schneiden. Die Limette heiß waschen und abtrocknen, Schale fein abreiben, Saft auspressen. Das Hähnchenfleisch waschen, trocken tupfen und quer in dünne Scheiben schneiden.

3 Brühe mit 2 EL Limettensaft, Sojasauce und Wasabi gründlich verrühren. Den Wok erhitzen und 1 EL Öl hineingießen. Das Hähnchenfleisch nacheinander in 2 Portionen in je 2 Min. unter Rühren hellbraun braten und wieder herausnehmen.

4 Das Gemüse im übrigen Öl unter Rühren in 3–4 Min. bissfest braten. Den Ingwer mit der Sauce und dem Hähnchenfleisch zugeben. Alles mit Limettenschale und Salz abschmecken und mit Korianderblättchen bestreut servieren.

schmeckt auch kalt

Hähnchenfrikadellen

2 Scheiben Toastbrot
500 g Hähnchenbrustfilets
1 Stück Ingwer (ca. 2 cm)
2 Knoblauchzehen
1 Stück Bio-Zitronenschale (ca. 2 cm)
1 kleine rote Zwiebel
½ Bund Koriandergrün
2 Eier (Größe M)
Salz | Chilipulver (nach Belieben)
2 EL Butterschmalz oder Öl zum Braten

Für 4 Personen | ◍ 40 Min. Zubereitung
Pro Portion ca. 260 kcal, 31 g EW, 11 g F, 6 g KH

1 Das Toastbrot von der Rinde befreien und in lauwarmem Wasser in einer Schüssel einweichen. Inzwischen das Hähnchenfleisch kalt abspülen und trocken tupfen. Das Fleisch erst in Würfel schneiden, dann mit einem großen schweren Messer so fein wie möglich hacken. Es soll ähnlich wie Hackfleisch aussehen.

2 Den Ingwer und den Knoblauch schälen und mit der Zitronenschale sehr fein hacken. Die Zwiebel schälen und fein würfeln. Den Koriander waschen und trocken schütteln. Die Blättchen abzupfen und fein schneiden.

3 Das Toastbrot ausdrücken und fein zerpflücken und mit Hackfleisch, Ingwermischung, Zwiebel, Koriander und Eiern in eine Schüssel geben. Mit Salz und Chili nach Belieben würzen und kräftig verkneten, bis der Teig gut bindet. Zu acht Frikadellen formen. Das Butterschmalz in einer Pfanne erhitzen und die Frikadellen darin bei mittlerer Hitze pro Seite etwa 6 Min. braten.

festlich | für Gäste

Hähnchenbrust mit Feigen-Mozzarella-Füllung

Die Füllung macht das Hähnchenfleisch nicht nur würzig und hält es saftig.
Die gefüllten Filets sehen auch toll aus. Genau das Richtige für Gäste!

2 frische oder getrocknete Feigen
2 Zweige Thymian
4 Stiele Basilikum
2 Knoblauchzehen
1 Stück Bio-Zitronenschale (ca. 2 cm)
1 Stück Chilischote
125 g Mozzarella
2 EL frisch geriebener Parmesan
Salz | Pfeffer
4 Hähnchenbrustfilets (à ca. 170 g)
1 EL Butter
1 EL Öl
50 ml Portwein oder Hühnerbrühe
Zahnstocher zum Verschließen

Für 4 Personen | ⊚ 35 Min. Zubereitung
Pro Portion ca. 330 kcal, 43 g EW, 15 g F, 2 g KH

1 Die Feigen waschen, vom Stielende befreien und in kleine Würfel schneiden. Ersatzweise getrocknete Feigen verwenden. Diese vor dem Würfeln 30 Min. in Wein oder Wasser einweichen. Die Kräuter waschen, trocken schütteln und die Blättchen von den Stielen zupfen. Knoblauch schälen und zusammen mit Kräutern, Zitronenschale und dem Chilistück sehr fein hacken.

2 Den Mozzarella abtropfen lassen und in sehr kleine Würfel schneiden. Mit der Kräutermischung, den Feigen und dem Parmesan vermengen und mit Salz und Pfeffer abschmecken.

3 Die Hähnchenbrustfilets kalt abspülen und trocken tupfen. In jedes Filet mit einem scharfen kleinen Messer seitlich eine Tasche schneiden, ohne das Fleisch zu weit zu öffnen (Bild 1). Die Mozzarellamischung in die Taschen verteilen, die Öffnung mit Zahnstochern verschließen (Bild 2) und die Hähnchenbrüste außen salzen und pfeffern.

4 Die Butter und das Öl in einer großen Pfanne erhitzen. Die Hähnchenbrüste einlegen und bei mittlerer Hitze etwa 6 Min. braten. Wenden und noch einmal so lange braten, dann aus der Pfanne nehmen. Den Bratensatz mit Portwein oder Brühe ablöschen, loskochen, mit Salz und Pfeffer abschmecken und auf den Hähnchenbrüsten verteilen.

UND DAZU?
Besonders gut passen Reis oder Zitronen-Kräuter-Couscous (s. Rezept hintere Klappe).

AUSTAUSCH-TIPP
Versuchen Sie die Füllung auch mal mit frischen Aprikosen. Dann passt als kräuterwürzige Ergänzung auch Estragon – aber nicht zu viel nehmen, 2 kleinere Stiele reichen vollkommen.

saftig | würzig

Huhn in Yakitorisauce

200 ml Sojasauce
200 ml Mirin (Reiswein aus dem Asialaden
oder halbtrockener Weißwein)
1 EL Zucker | 1 TL Speisestärke
600 g Hähnchenbrustfilets
300 g Champignons oder Egerlinge
2 Frühlingszwiebeln
1 Stück Ingwer (ca. 3 cm)
2 EL neutrales Öl

Für 4 Personen | ⓘ 30 Min. Zubereitung
Pro Portion ca. 330 kcal, 38 g EW, 8 g F, 15 g KH

1 Sojasauce mit Reiswein und Zucker 1–2 Min. aufkochen. Die Speisestärke mit wenig kaltem Wasser anrühren, untermischen und einmal aufkochen. Die Sauce lauwarm abkühlen lassen.

2 Das Hähnchenfleisch waschen, trocken tupfen und quer in dünne Scheiben schneiden. Mit der Sauce mischen. Die Pilze mit feuchtem Küchenpapier sauber abreiben, von den Stielenden befreien und in Scheiben schneiden. Die Frühlingszwiebeln waschen, putzen und in feine Ringe schneiden. Den Ingwer schälen und in feine Stifte schneiden.

3 Das Öl in einer Pfanne erhitzen. Pilze und Zwiebeln darin bei starker Hitze unter Rühren 2–3 Min. braten. Die Hähnchenscheiben ohne Sauce untermischen und bei mittlerer Hitze unter Rühren etwa 3 Min. weiterbraten. Die Sauce dazugießen und kurz aufkochen lassen. Vor dem Servieren mit Ingwer bestreuen. Dazu passt Reis.

scharf | nussig

Satéspieße

600 g Hähnchenbrustfilets
3 EL Sojasauce
3 EL süße Sojasauce (Kecap manis)
125 g geröstete gesalzene Erdnusskerne
250 ml Kokosmilch
2 EL brauner Zucker
2 TL Sambal oelek (scharfe Chilipaste)
3 EL frisch gepresster Limettensaft
Salz | 2 EL Öl
lange Holzspieße

Für 4 Personen
ⓘ 30 Min. Zubereitung | 2 Std. Kühlen
Pro Portion ca. 550 kcal, 42 g EW, 34 g F, 15 g KH

1 Das Hähnchenfleisch kalt abspülen und trocken tupfen. Längs in dünne Scheiben schneiden. Die beiden Sojasaucen mischen und mit den Hähnchenscheiben verrühren. Etwa 2 Std. kühl stellen.

2 Für die Sauce die Erdnusskerne fein reiben oder im Blitzhacker zerkleinern. Mit Kokosmilch, Zucker, Sambal oelek und Limettensaft aufkochen und mit Salz abschmecken. Zugedeckt warm halten.

3 Das Hähnchenfleisch ziehharmonikaartig auf Spieße stecken. Das Öl in einer großen Pfanne erhitzen. Die Spieße darin bei starker Hitze pro Seite etwa 2 Min. braten. Die Spieße mit der Erdnusssauce servieren. Dazu passen Duftreis und Korianderblättchen zum Bestreuen.

Aus dem Ofen

Jetzt wird's gemütlich – alle Gerichte in diesem Kapitel lassen sich in aller Ruhe vorbereiten und garen dann fast von selbst in der heißen Röhre. Das ist genau das Richtige, um einen stressfreien Abend mit Gästen zu genießen. Ganz unkompliziert und auch als Fingerfood auf dem Büfett geeignet sind die süßscharfen Chicken Wings.

Chicken Wings

16 Hähnchenflügel
1 Bio-Orange
1 EL brauner Zucker
1 EL flüssiger Honig
1 EL frisch gepresster Zitronensaft
4 EL Tomatenketchup
2 TL scharfer Senf
Salz
Tabascosauce (nach Belieben)

Für 4 Personen | ⊚ 15 Min. Zubereitung
4 Std. Marinieren | 35 Min. Backen
Pro Portion ca. 205 kcal, 18 g EW, 9 g F, 13 g KH

1 Die Hähnchenflügel kalt abspülen und trocken tupfen, in eine Schale legen. Die Orange heiß waschen und abtrocknen, die Schale ohne die weiße Innenhaut abreiben, den Saft auspressen.

2 Den Zucker und den Honig mit Orangensaft und -schale, Zitronensaft, Ketchup und Senf verrühren und mit Salz und nach Belieben Tabasco kräftig abschmecken. Über die Hähnchenflügel verteilen, abdecken und mindestens 4 Std. oder über Nacht im Kühlschrank marinieren lassen.

3 Den Backofen auf 200° vorheizen. Das Backblech mit Backpapier auslegen und die Hühnerflügel nebeneinander darauf verteilen. Im Ofen (Mitte, Umluft 180°) etwa 35 Min. backen, bis sie schön knusprig sind. Dabei nach etwa der Hälfte der Zeit wenden.

TIPP
Ein perfektes Paar: Chicken Wings und die Erdnusssauce von Seite 42.

Klassiker auf neue Art | schmeckt auch kalt

Brathuhn mit Orange und Koriander

Innen saftig und außen schön knusprig – so soll ein Brathuhn sein. Wenn es dabei noch richtig zitrusfrisch und korianderwürzig auf den Tisch kommt, schmeckt es umso besser!

1 Bio-Orange
1 TL Koriandersamen
1 EL Butter
1 EL Öl
1 Poularde (ca. 1,4 kg)
Salz | Pfeffer

Für 2–3 Personen
⊚ 20 Min. Zubereitung | 1 Std. Backen
Pro Portion ca. 630 kcal, 69 g EW, 39 g F, 1 g KH

1 Den Backofen auf 220° vorheizen. Die Orange heiß waschen und abtrocknen, die Schale fein abreiben, eine Orangenhälfte auspressen. Die Koriandersamen in einer kleinen Pfanne bei mittlerer Hitze leicht anrösten, bis sie würzig duften. Dann im Mörser so fein wie möglich zerstoßen.

2 Die Butter zerlassen, mit Öl, Koriander, Orangenschale und 1 EL Orangensaft verrühren. Das Hähnchen innen und außen kalt abspülen und gut trocken tupfen. Innen salzen und pfeffern, außen mit der gewürzten Butter bepinseln und ebenfalls mit Salz und Pfeffer bestreuen.

3 Das Huhn seitlich auf einen Rost und diesen über eine Fettpfanne legen und im Ofen (Mitte, Umluft 200°) etwa 20 Min. braten. Dann das Huhn auf die andere Seite drehen und nochmals 20 Min. braten. Zum Schluss auf den Rücken (die schmalere Seite) drehen und in 20–25 Min. fertig braten. Die Garprobe (s. S. 4) machen, das Brathähnchen in Stücke teilen und heiß servieren.

UND DAZU?
Knuspriges Brot oder Bratkartoffeln und ein gemischter Salat sind ideale Begleiter.

VARIANTE – GEFÜLLTES BRATHUHN
50 g Weißbrot vom Vortag (Baguette oder Ciabatta) in Würfel schneiden und mit lauwarmem Wasser begießen. In etwa 10 Min. weich werden lassen. Inzwischen 4 getrocknete in Öl eingelegte Tomaten und 1 EL Kapern abtropfen lassen und fein hacken. Je ½ Bund Petersilie und Basilikum waschen, die Blättchen fein schneiden. 2 Knoblauchzehen schälen und durchpressen, die Schale von ½ Bio-Zitrone oder Bio-Orange abreiben. Das Brot gut ausdrücken und zerpflücken, mit den zerkleinerten Zutaten, 2 Eiern und 4 EL frisch geriebenem Parmesan verrühren und mit Salz und Pfeffer abschmecken. Das Hähnchen wie beschrieben vorbereiten und die Füllung in den Bauch geben. Das Hähnchen mit Zahnstochern und Küchengarn verschließen und außen mit 2 EL zerlassener Butter und 1 EL Zitronensaft einpinseln. Salzen, pfeffern und wie beschrieben backen.

frisch | gelingt ganz leicht

Hähnchenbrust mit Zucchini-Zitronen-Haube

Feine Krusten aus würzigen Zutaten geben der Hähnchenbrust noch mehr Aroma und schützen das zarte Fleisch gleichzeitig vor dem Austrocknen.

1 junger Zucchino (ca. 200 g)
Salz
4 Hähnchenbrustfilets (à ca.170 g)
Pfeffer
1 Bio-Zitrone
8 Zweige Thymian
60 g frisch geriebener Pecorino oder Manchego
2 EL Pinienkerne
1 EL Butter
2 EL Olivenöl

Für 4 Personen
◎ 30 Min. Zubereitung | 20 Min. Backen
Pro Portion ca. 350 kcal, 40 g EW, 19 g F, 2 g KH

1 Den Zucchino waschen und die Enden abschneiden. Den Zucchino fein raspeln, mit 1 TL Salz mischen und 10 Min. stehen lassen, bis sich Flüssigkeit bildet.

2 Inzwischen die Hähnchenbrustfilets kalt abspülen und trocken tupfen. Auf beiden Seiten mit Salz und Pfeffer würzen. Die Zitrone heiß waschen und abtrocknen, die Schale fein abreiben. Den Thymian waschen und trocken schütteln, die Blättchen von den Zweigen streifen.

3 Den Backofen auf 180 ° (Umluft 160°) vorheizen. Die Zucchiniraspel abtropfen lassen und leicht ausdrücken. Mit der Zitronenschale, dem Thymian, dem Käse und den Pinienkerne mischen und mit Pfeffer und eventuell noch etwas Salz abschmecken.

4 In einer Pfanne die Butter und 1 EL Öl erhitzen. Die Hähnchenbrustfilets darin pro Seite bei starker Hitze etwa 1 Min. braten. Dann nebeneinander in eine feuerfeste Form legen. Die Zucchinimischung darauf verteilen und leicht andrücken. Mit dem restlichen Öl beträufeln und im Ofen (Mitte) etwa 20 Min. backen, bis die Haube leicht gebräunt ist.

VARIANTE – HÄHNCHENBRUST MIT NUSSKRUSTE
Den Backofen auf 180 ° (Umluft 160°) vorheizen. In einer kleinen Pfanne 1 EL Butter zerlassen. 50 g geriebene Haselnüsse darin unter Rühren bei mittlerer Hitze leicht anrösten. In eine Schüssel füllen. 1 Zweig Rosmarin und 2 Zweige Oregano waschen, trocken schütteln, die Blättchen abzupfen und fein hacken. 2 Knoblauchzehen schälen und zu den Nüssen pressen. Kräuter, 100 g (Ziegen-)Frischkäse und 1 TL Honigsenf dazugeben und gut unterrühren. Mit Salz, Pfeffer und 1 TL edelsüßem Paprikapulver abschmecken. 4 Hähnchenbrustfilets (à ca. 170 g) kalt abspülen und trocken tupfen. Auf beiden Seiten salzen, pfeffern und in 2 EL Öl in einer Pfanne pro Seite bei starker Hitze etwa 1 Min. braten. Dann nebeneinander in eine feuerfeste Form legen. Die Nussmischung darauf verteilen und leicht andrücken. 1 EL Butter in Würfeln darauf verteilen und im Ofen (Mitte) etwa 20 Min. backen, bis die Haube leicht gebräunt ist. Dazu schmeckt Weißbrot und gemischter Salat.

für Gäste | raffiniert

Zitronen-Knoblauch-Huhn

Bei diesem Brathuhn kommt die Füllung unter die Haut. Durch die dünne Fettschicht verbrennt der Knoblauch nicht und kann so seine Aromen direkt an das Fleisch abgeben.

1 Poularde (ca. 1,4 kg)
4 Knoblauchzehen
2 Zweige Rosmarin
Salz | Pfeffer
1 Bio-Zitrone
1 EL scharfer Senf
1 TL süßer Senf
2 EL Olivenöl

Für 2–3 Personen
⏲ 15 Min. Zubereitung | 45 Min. Backen
Pro Portion ca. 645 kcal, 69 g EW, 40 g F, 1 g KH

1 Das Hähnchen kalt abspülen und trocken tupfen. Das Hähnchen in der Mitte der Brust und des Rückens einschneiden und mit der Geflügelschere durchtrennen, sodass zwei Hälften mit jeweils einer Keule entstehen (Bild 1).

2 Den Knoblauch schälen und in nicht zu dünne Scheiben schneiden. Den Rosmarin waschen und trocken schütteln. In etwa 2 cm lange Stücke schneiden. Mit dem Stiel eines Löffels zwischen Haut und Fleisch vom Huhn fahren und beides vorsichtig voneinander lösen, ohne die Haut einzureißen (Bild 2). Den Knoblauch und den Rosmarin gleichmäßig unter der Haut verteilen.

3 Den Backofen auf 180° vorheizen. Das Backblech mit Backpapier belegen und die Hähnchenhälften mit der Keulenseite nach oben nebeneinander darauflegen. Mit Salz und Pfeffer einreiben.

4 Die Zitrone heiß waschen und abtrocknen, die Schale fein abreiben und eine Hälfte auspressen. Den Zitronensaft und die –schale mit den beiden Senfsorten und dem Öl verrühren und die Hähnchenhälften damit einstreichen.

5 Das Hähnchen im Ofen (Mitte, Umluft 160°) etwa 45 Min. backen. Die Garprobe (s. S. 4) machen und das Hähnchen servieren.

UND DAZU?
Knuspriges Weißbrot oder Rosmarinkartoffeln und ein gemischter Salat.

EINKAUFSTIPP
Immer häufiger werden auch ½ rohe Hähnchen zum Kauf angeboten. Das ist praktisch, denn mit zwei Hälften macht die Vorbereitung noch weniger Arbeit. Aber auch für nur eine Person hat ein halbes Hähnchen genau die richtige Portionsgröße. Bleibt trotzdem noch etwas übrig, können Sie die Reste zu einem Salat oder Sandwich verarbeiten. Viele abwechslungsreiche Tipps dazu finden Sie in der hinteren Klappe.

Hähnchenteile auf Safran-Möhren

Ein würziges Essen, das nicht nur fein schmeckt, sondern auch das Auge erfreut.
Wenn Sie mehr Gäste erwarten, können Sie die Mengen auch verdoppeln.

1 Poularde (ca. 1,4 kg) | 1 großer Bund Koriandergrün | je 1 EL edelsüßes Paprikapulver und gemahlener Kreuzkümmel | Salz | Pfeffer | 1 TL Ras-el-hanout (marokkanische Gewürzmischung) | 2 EL frisch gepresster Zitronensaft | 2 EL Olivenöl | 2 Knoblauchzehen | 1 Döschen Safranfäden (0,1 g) | ¼ l trockener Weißwein oder Hühnerbrühe | 500 g Möhren | 2 Zwiebeln

Für 4 Personen
◉ 30 Min. Zubereitung | 45 Min. Backen
Pro Portion ca. 540 kcal, 54 g EW, 31 g F, 9 g KH

1 Das Hähnchen kalt abspülen und trocken tupfen. In 8–10 Stücke teilen (s. S. 6, 7). Korianderblättchen waschen und sehr fein hacken. Koriander, Paprika, Kreuzkümmel, Salz, Pfeffer, Ras-el-hanout, Zitronensaft und Olivenöl verrühren. Knoblauch

schälen, dazupressen und untermischen. Die Hähnchenteile mit der Mischung einreiben.

2 Backofen auf 180° vorheizen. Safran zerkrümeln und mit Wein oder Brühe verrühren. Ca. 10 Min. stehen lassen, bis sich die Flüssigkeit orange färbt.

3 Möhren und die Zwiebeln schälen. Die Möhren in etwa 1 cm dicke Scheiben schneiden, die Zwiebeln achteln. Beides mit dem Safranwein in eine große feuerfeste Form füllen, salzen und pfeffern. Die Hähnchenteile nebeneinander daraufsetzen.

4 Die Hähnchenteile im Ofen (Mitte, Umluft 160°) etwa 45 Min. backen. Dabei ab und zu mit der Garflüssigkeit beschöpfen und einmal wenden. Die Garprobe (s. S. 4) machen. Mit den Safranmöhren servieren. Dazu passt Fladenbrot.

Fruchtige Hühnerbrust

4 Hähnchenbrustfilets (à ca. 180 g) | 1 Bio-Orange | 1 Bund Minze | 2 EL frisch gepresster Zitronensaft | 1 TL Honig | 100 ml Noilly Prat oder trockener Sherry | Salz | 250 g Kirschtomaten

Für 4 Personen
🕐 15 Min. Zubereitung | 25 Min. Backen
Pro Portion ca. 225 kcal, 38 g EW, 4 g F, 5 g KH

1 Backofen auf 200° vorheizen. Das Hähnchenfleisch waschen, trocken tupfen und in eine feuerfeste Form legen. Die Schale einer Orangenhälfte abreiben, Saft auspressen. Die andere Hälfte in Scheiben schneiden. Minze waschen, Blättchen fein schneiden. ½ EL beiseitelegen. Orangensaft und -schale, Zitronensaft, Honig, Noilly Prat und Minze verrühren, salzen. Mischung über die Filets gießen.

2 Die Tomaten waschen und halbieren. Hähnchenfleisch mit Orangenscheiben und Tomaten belegen und im Ofen (Mitte, Umluft 180°) etwa 25 Min. backen. Mit Minze bestreut servieren.

Scharfe Hühnerkeulen

1 Stück Ingwer (ca. 3 cm) | 2 Knoblauchzehen | 2½ EL Palmzucker oder brauner Zucker | 2½ EL frisch gepresster Zitronensaft | 3 EL Sojasauce | 3 TL Sesamöl | 2 TL Sambal oelek oder Harissa (scharfe Chilipaste) | 4 große Hühnerkeulen mit Schulterteil (à ca. 280 g) | Salz

Für 4 Personen
🕐 10 Min. Zubereitung | 35 Min. Backen
Pro Portion ca. 450 kcal, 39 g EW, 27 g F, 12 g KH

1 Den Backofen auf 200° vorheizen. Ingwer und Knoblauch schälen und durch die Presse drücken. Zucker mit Zitronensaft, Sojasauce und Sesamöl erwärmen, bis sich der Zucker aufgelöst hat. Mit Ingwermischung und Sambal oelek verrühren.

2 Die Hühnerkeulen leicht salzen und auf ein mit Backpapier belegtes Blech legen. Im Ofen (Mitte, Umluft 180°) etwa 10 Min. garen. Mit der Sauce bepinseln und weitere 25 Min. backen. Dabei ab und zu umdrehen und mit der Sauce einpinseln.

Beilage inklusive

Hühnerkeulen auf Gratin

700 g vorwiegend festkochende Kartoffeln
300 g junge Zucchini | 1 rote Paprikaschote
2 weiße oder rote Zwiebeln
2 Knoblauchzehen | 2 Zweige Rosmarin
Salz | Pfeffer
¼ l Hühnerbrühe (s. S. 10 oder aus dem Glas)
3 EL Olivenöl
4 große Hühnerkeulen mit Schulterteil
(à ca. 280 g)
abgeriebene Schale von 1 Bio-Zitrone
2 TL Honigsenf

Für 4 Personen
◎ 30 Min. Zubereitung | 45–50 Min. Backen
Pro Portion ca. 560 kcal, 43 g EW, 32 g F, 25 g KH

1 Kartoffeln schälen, Zucchini waschen. Beides in feine Scheiben hobeln. Die Paprikaschote waschen, vierteln, putzen und in feine Streifen schneiden. Die Zwiebeln schälen, halbieren und in Streifen schneiden. Knoblauch schälen, Rosmarin waschen, Nadeln abzupfen und mit Knoblauch fein hacken.

2 Den Backofen auf 180° vorheizen. Kartoffeln und Gemüse dachziegelartig in eine große feuerfeste Form schichten, salzen und pfeffern und mit Zwiebeln, Knoblauch und Rosmarin bestreuen. Brühe mit 2 EL Olivenöl verrühren, seitlich angießen.

3 Die Hühnerkeulen waschen und abtrocknen. Zitronenschale, Senf und restliches Öl verrühren. Die Hühnerkeulen salzen und pfeffern und mit der Zitronenmischung einpinseln. Auf dem Gratin verteilen. Im heißen Ofen (Mitte, Umluft 160°) 45–50 Min. backen.

würzig | zart

Buttermilch-Hähnchen

1 Poularde (ca. 1,4 kg)
je 1 Stiel Salbei, Thymian und Oregano
½ Bio-Zitrone
2 Knoblauchzehen
500 g Buttermilch
1 TL Chilipulver
2 TL Ahornsirup
Salz

Für 4 Personen | ◎ 25 Min. Zubereitung
12 Std. Marinieren | 45 Min. Backen
Pro Portion ca. 490 kcal, 56 g EW, 26 g F, 7 g KH

1 Das Hähnchen kalt abspülen, trocken tupfen und in 10–12 Stücke teilen (s. S. 6, 7). Die Kräuter waschen, trocken schütteln, Blättchen von den Stielen abzupfen und fein hacken. Zitronenhälfte heiß waschen und abtrocknen, Schale abreiben, Saft auspressen. Knoblauch schälen und durchpressen.

2 Buttermilch, Zitronensaft und -schale, Chilipulver und Ahornsirup verrühren. Knoblauch und Kräuter untermischen und die Mischung mit Salz abschmecken. Die Hähnchenteile in eine Schüssel legen, mit der Buttermilchmarinade übergießen und zugedeckt 12–24 Std. im Kühlschrank marinieren. Ab und zu wenden.

3 Am nächsten Tag den Backofen auf 180° vorheizen. Ein Backblech mit Backpapier auslegen. Die Hähnchenteile nebeneinander auf das Backblech setzen. Im heißen Ofen (Mitte, Umluft 160°) etwa 45 Min. backen, bis sie schön braun sind. Dabei ab und zu mit Marinade einpinseln.

oben: Hühnerkeulen auf Gratin | unten: Buttermilch-Hähnchen

lässt sich gut vorbereiten | für Gäste

Hähnchenlasagne mit Tomaten

Fettarmes Hähnchenfilet macht diesen italienischen Klassiker angenehm leicht. Schön würzig wird unsere Variante durch das Gratinieren mit drei verschiedenen Käsesorten.

400 g Hähnchenbrustfilets
100 g Räucherspeck in dünnen Scheiben
3 EL Butter
Salz | Pfeffer
500 g stückige Tomaten (aus der Dose)
2 TL getrockneter Thymian
125 g Mozzarella
150 g Edelschimmelkäse (z. B. Gorgonzola)
100 g frisch geriebener Parmesan
200 g Lasagneplatten (ohne Vorkochen)
2 EL Pinienkerne

Für 4 Personen
⊚ 30 Min. Zubereitung | 35–40 Min. Backen
Pro Portion ca. 865 kcal, 54 g EW, 52 g F, 42 g KH

1 Das Hähnchenfleisch kalt abspülen und trocken tupfen, in kleine Würfel schneiden oder mit einem großen schweren Messer mittelfein hacken. Den Speck in Streifen schneiden. In einer Pfanne 1 EL Butter mit den Speckstreifen bei mittlerer Hitze schmelzen lassen. Hähnchenwürfel untermischen und bei starker Hitze unter Rühren 2–3 Min. braten. Mit Salz und Pfeffer würzen.

2 Den Backofen auf 180° vorheizen. Die Tomaten mit Thymian, Salz und Pfeffer würzen. Den Mozzarella und den Edelschimmelkäse würfeln und mit der Hälfte des Parmesans mischen.

3 In eine feuerfeste Form Zutaten in folgender Reihenfolge einschichten: Lasagneplatten, Toma-

tensauce, Hühnerfleisch, Käse. Vorgang zweimal wiederholen. Die letzte Schicht besteht nur aus Tomaten. Den restlichen Parmesan und die Pinienkerne aufstreuen und die übrige Butter in kleinen Flöckchen auf der Oberfläche verteilen.

4 Die Lasagne im Ofen (Mitte, Umluft 160°) 35–40 Min. backen, bis die Nudelplatten weich sind und die Oberfläche schön gebräunt ist. Die Lasagne etwa 5 Min. stehen lassen, dann in Stücke teilen und servieren. Dazu schmeckt knuspriges Weißbrot und ein Rucolasalat.

ZUBEREITUNGS-TIPP

Lasagneplatten ohne Vorkochen sind praktisch, brauchen aber ausreichend Flüssigkeit, um weich und nicht hart und trocken zu werden. Vor allem bei der obersten Schicht kann das passieren. Um das zu vermeiden, obenauf immer genügend feuchte Zutaten verteilen. Oder die Nudelplatten 1–2 Min. in kochendem Salzwasser vorgaren.

AUSTAUSCH-TIPP

Natürlich können Sie die Lasagne auch mit frischen Tomaten zubereiten. Dafür 500 g vollreife Tomaten mit kochendem Wasser überbrühen, häuten und in kleine Würfel schneiden.

indische Spezialität | lässt sich gut vorbereiten

Tandoori-Hähnchen

Ein Klassiker aus dem indischen Restaurant. Knallig rot wird das Huhn durch Lebensmittelfarbe. Der Geschmack ist aber auch ohne Farbkick sensationell!

1 Poularde (ca. 1,4 kg)
100 ml frisch gepresster Zitronensaft
1 Döschen Safranfäden (0,1 g)
1 Stück Ingwer (ca. 5 cm)
je 1 TL gemahlener Kreuzkümmel, rosenscharfes Paprikapulver, Koriander
½ TL geriebene Muskatnuss
1 Prise Zimtpulver
1 EL edelsüßes Paprikapulver
150 g Joghurt | Salz
1 EL flüssige Butter

Für 4 Personen | ⏱ 25 Min. Zubereitung
4 Std. Marinieren | 45 Min. Backen
Pro Portion ca. 500 kcal, 54 g EW, 29 g F, 4 g KH

1 Das Hähnchen kalt abspülen, trocken tupfen und mit der Geflügelschere und einem scharfen Messer in 8–10 Stücke teilen (s. S. 6, 7). Haut mit einem Zahnstocher oder einer dünnen Stricknadel mehrmals einstechen.

2 Die Hähnchenteile in eine Schüssel legen und mit dem Zitronensaft begießen. Den Safran mit den Fingerspitzen zerreiben und mit 4 EL Wasser verrühren. Den Ingwer schälen und sehr fein hacken.

3 Ingwer und alle Gewürze mit dem Safranwasser und dem Joghurt verrühren und mit Salz würzen. Die Marinade über den Hähnchenstücken verteilen. Abgedeckt mindestens 4 Std. (oder über Nacht) im Kühlschrank marinieren. Währenddessen die Hähnchenstücke ab und zu umdrehen.

4 Den Backofen auf 200° vorheizen. Ein Backblech mit Backpapier auslegen. Die Hähnchenstücke nebeneinander darauflegen und im Ofen (Mitte, Umluft 180°) etwa 45 Min. backen. Dabei ein- bis zweimal umdrehen und nach 30 Min. mit Butter bepinseln. Vor dem Servieren die Garprobe (s. S. 4) machen.

UND DAZU?
Am besten indisches Fladenbrot und ein Joghurt mit geraspelter Salatgurke und gehackter Minze.

ZUBEREITUNGSTIPP
Wer auf die typische rote Farbe Wert legt, kauft im Supermarkt rote Lebensmittelfarbe und verrührt davon soviel mit dem Zitronensaft, bis er kräftig rot ist. Die Hähnchenstücke damit einreiben und einige Stunden im Kühlschrank marinieren. Dann erst die Joghurtmarinade darüber verteilen.

Zum Gebrauch

Damit Sie Rezepte mit bestimmten Zutaten noch schneller finden können, stehen in diesem Register zusätzlich auch beliebte Zutaten wie **Käse** oder **Tomaten** – ebenfalls alphabetisch geordnet und **hervorgehoben** – über den entsprechenden Rezepten.

A/B/C

Asia-Hühnersuppe 13
Blumenkohl: Hühnercurry 18
Brathuhn mit Orange und Koriander 46
Brathuhn
    Brathuhn mit Orange und
    Koriander 46
    Hühnerfrikassee mit Gemüse 14
    Zitronen-Knoblauch-Huhn 50
Buttermilch-Hähnchen 54
Champignons
    Asia-Hühner-Suppe 13
    Coq au vin 22
    Huhn in Yakitorisauce 42
    Wok-Hähnchen 38
Chicken Wings 45
Coq au vin 22

E/F/G

Eier
    Gefülltes Brathuhn (Variante) 46
    Hähnchen im Kokosmantel
    (Variante) 32
    Hähnchenfrikadellen 38
    Hähnchenschnitzel mit Zitronen-
    Kapern-Creme 32
    Zitronensuppe 13
Feigen: Hähnchenbrust mit Feigen-
    Mozzarella-Füllung 40
Frikadellen: Hähnchenfrikadellen 38
Fruchtige Hühnerbrust 53
Garprobe Warenkunde 4
Gefülltes Brathuhn (Variante) 46
Gorgonzola-Nuss-Sauce 26
Gurke: Sandwich mit Hähnchencreme
    und Gurke 64

H

Hähnchen-Involtini 25
Hähnchen-Pilaw 26
Hähnchen-Saltimbocca 29
Hähnchen-Sandwich mit Paprika und
    Mozzarella 64
Hähnchen-Sandwich mit Sellerie und
    Mango-Salsa 64
Hähnchenbrust mit Feigen-Mozzarella-
    Füllung 40
Hähnchenbrust mit Nusskruste
    (Variante) 48
Hähnchenbrust mit Zucchini-Zitronen-
    Haube 48
Hähnchenbrust Warenkunde 5
Hähnchenbrustfilet
    Asia-Hühner-Suppe 13
    Fruchtige Hühnerbrust 53
    Hähnchen im Kokosmantel
    (Variante) 32
    Hähnchen-Involtini 25
    Hähnchen-Pilaw 26
    Hähnchen-Saltimbocca 29
    Hähnchenbrust mit Feigen-Mozzarella-
    Füllung 40
    Hähnchenbrust mit Nusskruste
    (Variante) 48
    Hähnchenbrust mit Zucchini-Zitronen-
    Haube 48
    Hähnchenfrikadellen 38
    Hähnchengeschnetzeltes in Tomaten-
    Oliven-Sauce 34
    Hähnchengulasch mit Paprika 21
    Hähnchenlasagne mit Tomaten 56
    Hähnchenpakora 25
    Hähnchenschnitzel mit Meerrettich-
    Sahne 34
    Hähnchenschnitzel mit Zitronen-
    Kapern-Creme 32
    Huhn im Mangoldblatt 17
    Huhn in Yakitorisauce 42
    Hühner-Linseneintopf 26
    Hühnercremesuppe mit Mandeln 12
    Hühnercurry 18
    Hühnertopf 1001 Nacht 18
    Mediterranes Hähnchengulasch
    (Variante) 21
    Pochierte Hühnerbrust 17
    Satéspieße 42
    Wok-Hähnchen 38
    Würzige Thai-Hühnersuppe mit
    Kokosmilch 9
Hähnchenflügel: Chicken Wings 45
Hähnchenflügel Warenkunde 5
Hähnchenfrikadellen 38
Hähnchengeschnetzeltes in Tomaten-
    Oliven-Sauce 34
Hähnchengulasch mit Paprika 21
Hähnchenlasagne mit Tomaten 56
Hähnchenpakora 25
Hähnchenschnitzel mit Meerrettich-
    Sahne 34
Hähnchenschnitzel mit Zitronen-
    Kapern-Creme 32
Hähnchenteile auf Safran-Möhren 52
Hühner-Linseneintopf 26
Hühnerbrühe 10
Hühnercremesuppe mit Mandeln 12
Hühnercurry 18
Hühnerfrikassee mit Gemüse 14
Hühnerkeule
    Hühnerkeulen auf Gratin 54
    Hühnerkeulen mit Rotweinzwiebeln
    (Variante) 22
    Hühnerkeulen Warenkunde 5
    Scharfe Hühnerkeulen 53
Hühnerkeulen auf Gratin 54
Hühnerkeulen mit Rotweinzwiebeln
    (Variante) 22
Hühnertopf 1001 Nacht 18
Huhn einkaufen 4
Huhn im Mangoldblatt 17
Huhn in Yakitorisauce 42
Huhn Warenkunde 4,5
Huhn zerlegen 6

J/K/L

Joghurt
    Hähnchenpakora 25
    Hühnertopf 1001 Nacht 18
    Tandoori-Hähnchen 59
Kartoffeln: Hühnerkeulen auf Gratin 54
Käse
    Gefülltes Brathuhn (Variante) 46
    Gorgonzola-Nuss-Sauce 36
    Hähnchen-Involtini 25
    Hähnchenbrust mit Feigen-Mozzarella-
    Füllung 40
    Hähnchenbrust mit Nusskruste
    (Variante) 48
    Hähnchenbrust mit Zucchini-Zitronen-
    Haube 48
    Hähnchenlasagne mit Tomaten 56
    Huhn im Mangoldblatt 17
Kichererbsenmehl: Hähnchenpakora 25
Kokosflocken: Hähnchen im Kokos-
    mantel (Variante) 32
Kokosmilch
    Kokossauce mit Mango 37
    Satéspieße 42
    Würzige Thai-Hühnersuppe mit
    Kokosmilch 9

Kokossauce mit Mango 37
Korianderhuhn 30
Lasagne: Hähnchenlasagne mit
  Tomaten 56
Linsen: Hühner-Linseneintopf 26

M

Mango
  Hähnchen-Sandwich mit Sellerie
  und Mango-Salsa 64
  Kokossauce mit Mango 37
Maishähnchen Warenkunde 4
Mangold: Huhn im Mangoldblatt 17
Mediterranes Hähnchengulasch 21
Meerrettich: Hähnchenschnitzel mit
  Meerrettich-Sahne 34
Mozzarella
  Hähnchen-Sandwich mit Paprika
  und Mozzarella 64
  Hähnchenbrust mit Feigen-Mozzarella-
  Füllung 40
  Hähnchenlasagne mit Tomaten 56
Möhren
  Hähnchen-Pilaw 26
  Hähnchenteile auf Safran-Möhren 52
  Hühnerbrühe 10

N

Nudeln
  Asia-Hühner-Suppe 13
  Hähnchenlasagne mit Tomaten 56
Nüsse
  Gorgonzola-Nuss-Sauce 36
  Hähnchen-Pilaw 26
  Hähnchenbrust mit Nusskruste
  (Variante) 48
  Hähnchenbrust mit Zucchini-Zitronen-
  Haube 48
  Hähnchenlasagne mit Tomaten 56
  Hühnercremesuppe mit Mandeln 12
  Hühnercurry 18
  Hühnertopf 1001 Nacht 18
  Satéspieße 42

O / P / R

Oliven: Hähnchengeschnetzeltes in
  Tomaten-Oliven-Sauce 34
Orange
  Brathuhn mit Orange und
  Koriander 46
  Chicken Wings 45
  Fruchtige Hühnerbrust 53
  Gefülltes Brathuhn (Variante) 46

Hähnchenschnitzel mit Meerrettich-
  Sahne 34
Paprika
  Hähnchen-Involtini 25
  Hähnchen-Sandwich mit Paprika
  und Mozzarella 64
  Hähnchengulasch mit Paprika 21
  Huhn im Mangoldblatt 17
  Hühnerkeulen auf Gratin 54
  Wok-Hähnchen 38
Parmesan
  Gefülltes Brathuhn (Variante) 46
  Hähnchenbrust mit Feigen-Mozzarella-
  Füllung 40
  Hähnchenlasagne mit Tomaten 56
Pochierte Hühnerbrust 17
Poularde
  Brathuhn mit Orange und
  Koriander 46
  Buttermilch-Hähnchen 54
  Coq au vin 22
  Gefülltes Brathuhn (Variante) 46
  Hähnchenteile auf Safran-Möhren 52
  Poularde Warenkunde 4
  Tandoori-Hähnchen 59
  Zitronen-Knoblauch-Huhn 50
Reis
  Hähnchen-Pilaw 26
  Zitronensuppe 13
Rotwein
  Coq au vin 22
  Hühnerkeulen mit Rotweinzwiebeln
  (Variante) 22
  Mediterranes Hähnchengulasch 21

S

Sahne
  Gorgonzola-Nuss-Sauce 36
  Hähnchengulasch mit Paprika 21
  Hähnchenschnitzel mit Meerrettich-
  Sahne 34
  Hähnchenschnitzel mit Zitronen-
  Kapern-Creme 32
  Zitronensuppe 13
Salmonellen Warenkunde 4
Saltimbocca, Hähnchen- 29
Sandwich mit Hähnchencreme und
  Gurke 64
Satéspieße 42
Scharfe Hühnerkeulen 53
Schnitzel
  Hähnchenschnitzel mit Zitronen-
  Kapern-Creme 32

Hähnchenschnitzel mit Meerrettich-
  Sahne 34
Sellerie: Hähnchen-Sandwich mit Sellerie
  und Mango-Salsa 64
Sesamhuhn auf Salat 30
Spargel: Hühnerfrikassee mit
  Gemüse 14
Suppe
  Asia-Hühnersuppe 13
  Hühnerbrühe 10
  Hühnercremesuppe mit Mandeln 12
  Würzige Thai-Hühnersuppe mit
  Kokosmilch 9
  Zitronensuppe 13
Suppenhuhn
  Hühnerbrühe 10
  Hühnerfrikassee mit Gemüse 14
  Suppenhuhn Warenkunde 4

T

Tandoori-Hähnchen 59
Tomaten
  Gefülltes Brathuhn (Variante) 46
  Fruchtige Hühnerbrust 53
  Hähnchen-Involtini 25
  Hähnchen-Pilaw 26
  Hähnchengeschnetzeltes in
  Tomaten-Oliven-Sauce 34
  Hähnchenlasagne mit Tomaten 56
  Korianderhuhn 30
  Mediterranes Hähnchengulasch
  (Variante) 21
  Würzige Thai-Hühnersuppe mit
  Kokosmilch 9

W/Z

Weißwein
  Hähnchengeschnetzeltes in
  Tomaten-Oliven-Sauce 34
  Hähnchenteile auf Safran-Möhren 52
  Zitronen-Honig-Sauce 37
  Zucchinicreme 36
Wok-Hähnchen 38
Würzige Thai-Hühnersuppe mit
  Kokosmilch 9
Zitronen-Honig-Sauce 37
Zitronen-Knoblauch-Huhn 50
Zitronensuppe 13
Zucchini
  Hähnchenbrust mit Zucchini-Zitronen-
  Haube 48
  Hühnerkeulen auf Gratin 54
  Zucchinicreme 36

Unsere Garantie

Alle Informationen in diesem Ratgeber sind sorgfältig und gewissenhaft geprüft. Sollte dennoch einmal ein Fehler enthalten sein, schicken Sie uns das Buch mit dem entsprechenden Hinweis an unseren Leserservice zurück. Wir tauschen Ihnen den GU-Ratgeber gegen einen anderen zum gleichen oder ähnlichen Thema um.

Liebe Leserin und lieber Leser,

wir freuen uns, dass Sie sich für ein GU-Buch entschieden haben. Mit Ihrem Kauf setzen Sie auf die Qualität, Kompetenz und Aktualität unserer Ratgeber. Dafür sagen wir Danke! Wir wollen als führender Ratgeberverlag noch besser werden. Daher ist uns Ihre Meinung wichtig. Bitte senden Sie uns Ihre Anregungen, Ihre Kritik oder Ihr Lob zu unseren Büchern. Haben Sie Fragen oder benötigen Sie weiteren Rat zum Thema? Wir freuen uns auf Ihre Nachricht!

Wir sind für Sie da!
Montag –Donnerstag: 8.00 –18.00 Uhr;
Freitag: 8.00 –16.00 Uhr
Tel.: 0180-5 00 50 54*   *(0,14 €/Min. aus
Fax: 0180-5 01 20 54*   dem dt. Festnetz/
                         Mobilfunkpreise
E-Mail: maximal 0,42 €/Min.)
leserservice@graefe-und-unzer.de

P.S.: Wollen Sie noch mehr Aktuelles von GU wissen, dann abonnieren Sie doch unseren kostenlosen GU-Online-Newsletter und/oder unsere kostenlosen Kundenmagazine.

GRÄFE UND UNZER VERLAG
Leserservice
Postfach 86 03 13
81630 München

Projektleitung: Tanja Dusy
Lektorat: Stephanie Schönemann
Korrektorat: Mischa Gallé
Innenlayout, Typografie und Umschlaggestaltung:
independent Medien-Design, Horst Moser, München
Satz: Liebl Satz+Grafik, Emmering
Herstellung: Christine Mahnecke
Reproduktion:
Repro Ludwig, Zell am See
Druck: Firmengruppe APPL, aprinta druck, Wemding
Bindung: Firmengruppe APPL, sellier druck, Freising

ISBN 978-3-8338-1883-7

2. Auflage 2011

Die Temperaturangaben bei Gasherden variieren von Hersteller zu Hersteller. Welche Stufe Ihres Herdes der jeweils angegebenen Temperatur entspricht, entnehmen Sie bitte der Gebrauchsanweisung. Bei Elektroherden können die Backzeiten je nach Herd variieren.

GRÄFE
UND
UNZER

Ein Unternehmen der
GANSKE VERLAGSGRUPPE

Die Autorin

Cornelia Schinharl hat ihre Liebe zu den kulinarischen Genüssen zum Beruf gemacht. Seit vielen Jahren bringt sie ihren Erfahrungsschatz als freie Food-Journalistin und Kochbuchautorin zu Papier und hat dafür schon mehrere Auszeichnungen bekommen, unter anderem Silbermedaillen der Gastronomischen Akademie und zwei World Cookbook Awards. Ihr besonderes Interesse gilt der modernen unkomplizierten Küche. Für dieses Buch hat sie schnelle Gerichte für jeden Tag sowie für besondere Gelegenheiten entwickelt.

Der Fotograf

Jörn Rynio zählt zu seinen Auftraggebern internationale Zeitschriften, namhafte Buchverlage und Werbeagenturen. Mit einer großen Portion Kreativität und appetitanregendem Styling setzt der Hamburger Fotograf Food-Spezialitäten stimmungsvoll in Szene. Tatkräftig unterstützt wird er von seinen Stylistinnen Petra Speckmann (Food) und Michaela Suchy (Requisite).

Bildnachweis

Titelfoto: Martina Görlach, EISING foodphotography München; alle anderen: Jörn Rynio, Hamburg

Syndication

www.jalag-syndication.de

Titelbildrezept

Brathuhn mit Orange und Koriander, Seite 46

Kochlust pur

Die neuen KüchenRatgeber – da steckt mehr drin

ISBN 978-3-8338-0306-2 · 64 Seiten

ISBN 978-3-8338-0993-4 · 64 Seiten

ISBN 978-3-8338-1836-3 · 64 Seiten

ISBN 978-3-8338-1891-2 · 64 Seiten

ISBN 978-3-8338-0652-0 · 64 Seiten

ISBN 978-3-8338-0678-0 · 64 Seiten

Änderungen und Irrtum vorbehalten

Das macht sie so besonders:
- **Neue mmmh-Rezepte** – unsere beste Auswahl für Sie
- **Praktische Klappen** – alle Infos auf einen Blick
- **Die 10 GU-Erfolgstipps** – so gelingt es garantiert

Willkommen im Leben.

Sandwiches mit Hähnchen

Gegartes Hähnchen schmeckt auch kalt sehr gut und eignet sich super zur Resteverwertung. Probieren Sie das zarte Fleisch zum Beispiel mit unseren abwechslungsreichen Sandwich-Ideen.

Hähnchen-Sandwich mit Sellerie und Mango-Salsa ¼ Mango schälen und fein würfeln, mit Saft und Schale von ¼ Bio-Limette, ½ TL Sambal oelek (scharfe Chilipaste) und 1 EL Mayonnaise oder saurer Sahne verrühren und salzen. 1 Stange Staudensellerie waschen, putzen und fein hacken. Mit 100 g klein gewürfeltem gegartem Hühnerfleisch mischen, salzen, pfeffern und auf der unteren Hälfte eines Sandwich- oder Baguettebrötchens verteilen. Mangosalsa daraufgeben, zusammenklappen.

Sandwich mit Hähnchencreme und Gurke
100 g gegartes Hähnchenfleisch mit 1 Handvoll gewaschenen, grob zerkleinerten Rucolablättern, 3 EL Hühner- oder Gemüsebrühe, 2 TL Zitronensaft und 1 EL Olivenöl mit dem Pürierstab fein pürieren, salzen und pfeffern. Die untere Hälfte eines Sandwich- oder Ciabattabrötchens damit bestreichen, mit Gurkenscheiben belegen, leicht salzen und zusammenklappen.

Hähnchen-Sandwich mit Paprika und Mozzarella 1 EL Crème fraîche mit 1 TL Pesto verrühren, salzen, pfeffern und die unter Hälfte eines Baguette-Brötchens damit bestreichen. 50 g gegrillte Paprika (aus dem Glas), 60–70 g gegartes Hähnchenfleisch (am besten vom Brathähnchen) in Scheiben und ½ Kugel Mozzarella (gut 60 g) in Scheiben abwechselnd darauf auslegen, zusammenklappen.